Español

selección de textos para concursos

Julio Cesar González M.Ed.

Tabla de contenidos

Introducción

Este es un libro destinado exclusivamente a los brasileños que toman el arduo camino de los concursos para obtener la entrada a las universidades o porque están optando por un concurso riguroso para conseguir un excelente empleo.

Cuando se adentra en este material, el lector encontrara textos escritos en el español. A cada texto le corresponde diez preguntas de múltiple selección sobre el contenido tratado. Todas las preguntas tienen como objetivo la comprensión del texto y la comprensión de diferentes asuntos de la gramática de la lengua española.

La lectura y la comprensión de textos en un idioma, son dos actividades tan importantes en el desarrollo personal que es necesario prestarle mucha atención desde la primera infancia y por todo el resto de la vida.

De acurdo con Antonio Vallés Arándiga (2005), en su trabajo titulado *"Comprensión lectora y procesos psicológicos"* el autor señala que: la "lectura y su relación directa con la comprensión, entendiéndose la importancia de la lectura dentro del campo educativo y como herramienta vital para acceder al conocimiento y la construcción de la realidad".

Leer y entender no es simplemente pasar los ojos por encima de palabras impresas. Leer implica comprender las ideas y pensamientos del texto que se está leyendo, lo que involucra la activación de una serie de procesos mentales de elevado nivel en demanda cognitiva.

En resumen, este material trae al candidato a concurso de español herramientas útiles para este propósito.

El autor

¿Por qué el atletismo no engancha en Estados Unidos?

El Mundial de Eugene abre un debate en el país. Pese a las 33 medallas no se llenaron las gradas ni hubo buenos números en televisión. "No se ha hecho lo suficiente", denuncia Noah Lyles, campeón de los 200 metros.

En las pizarras de los 'food trucks' que están aparcados junto al Hayward Field de Eugene sólo hay tachones: el primer día del Mundial una hamburguesa costaba 18 dólares, luego 15, el pasado domingo ya 12. La organización del campeonato anunció que había bajado el precio de las entradas, de los 80 dólares iniciales a casi la mitad, con descuento especial para universitarios. Y toda, toda la mercadotecnia de Asics, patrocinador principal del evento, se puso de oferta el jueves, cuatro días antes del cierre, algo extremadamente inusual. Los actores involucrados en el Mundial esperaban que fuera un éxito mayor del que fue, de eso no hay duda.

En la primera edición en Estados Unidos, el estadio estuvo vacío durante la mayoría de sesiones matinales, no se llenó muchas tardes y el ambiente no fue tan electrizante como se esperaba. Eugene es una ciudad entregada al atletismo, con gente corriendo por todas partes, con hasta siete pistas de acceso público, pero es pequeña y, ante todo, universitaria, por lo que en julio está vacía. **Michael Johnson**, hoy comentarista de la BBC, fue el primero que se quejó de la falta de animación y de que, al acabar las pruebas, todos los aficionados corrieran hacia sus coches para esquivar el atasco de la autopista que lleva a Portland. Luego vinieron los atletas en activo.

"No voy a mentir: siento que no se ha hecho lo suficiente en este Mundial. Se tendría que haber invertido en más publicidad. Ha sido un gran evento, ha habido grandes victorias, récords, marcas, pero no ha estado bien organizado. La gente en la calle no habla de lo que ha ocurrido. Sólo he visto información de atletismo en la NBC", denunció **Noah Lyles**, campeón de los 200 metros, en referencia a la televisión que tiene los derechos de retransmisión. Una cadena históricamente entregada a los deportes olímpicos, con una notable inversión en cada evento... que está vez ofreció algunas sesiones de tarde en su plataforma de streaming, Peacock. La propia NBC se felicitó porque el primer domingo de competición, el domingo 17, acumuló 2,2 millones de espectadores, una cifra sólo vista en Juegos Olímpicos, pero lo cierto es que fue el tercer evento deportivo de ese día en número de televidentes por detrás del All-Star de la MLB y del British Open de golf.

"Estados Unidos es un hueso duro de roer. Es un mercado abarrotado de entretenimiento, un mercado complicado. Tendríamos que habernos centrado más en la promoción de los atletas. Vamos a estudiarlo", explicó el presidente de la Federación Internacional de Atletismo, Sebastian Coe, que como Lyles aceptó que Eugene no era la mejor opción para impulsar el atletismo en Estados Unidos. "Hago notar cortésmente que no había muchas más opciones disponibles", desveló Coe, con esperanza de cara a los Juegos Olímpicos de Los Ángeles 2028. Su organismo y la Federación Estadounidense de Atletismo, de hecho, han creado una iniciativa llamada 'Project USA' para intentar impulsar el deporte aquí.

1. **Lea detenidamente el texto y seleccione la respuesta correcta marcando una X.**

De acuerdo con el texto incluido su titulo

   a. Estados Unidos es líder mundial en aficionados al atletismo.
   b. Estados Unidos no es aficionado a los eventos de atletismo ya sean nacional o internacional.
   c. Estados Unidos no ofreció suficiente cobertura propagandística al campeonato mundial de atletismo.

2. **Lea detenidamente el texto y seleccione la respuesta correcta marcando una X.**
   a. La organización del campeonato anunció que había bajado el precio de las entradas, de los 80 dólares iniciales a casi la mitad
   b. La organización del campeonato anunció que había bajado el precio de las entradas, de los 80 dólares iniciales a casi la mitad con preferencia a los universitarios.
   c. La organización del campeonato anunció que había bajado el precio de las entradas, de los 80 dólares iniciales a casi la mitad durante el primer día del evento.

3. **Lea detenidamente el texto y seleccione la respuesta correcta marcando una X.**
   a. Según el texto una hamburguesa costaba $80 dólares desde el primer día.
   b. Según el texto una hamburguesa costaba $80 dólares el primer día y luego llego a costar $12 dólares para el domingo de esa semana.

    c. Nunca se había visto una hamburguesa tan cara en los Estados Unidos.

4. **Lea detenidamente el texto y seleccione la respuesta correcta marcando una X.**

    a. El mundial fue todo un éxito nunca visto.

    b. Participaron 150 delegaciones.

    c. Los actores involucrados en el Mundial esperaban que fuera un éxito mayor del que fue, de eso no hay duda.

5. **Lea detenidamente el texto y seleccione la respuesta correcta marcando una X.**

    a. En la primera edición en Estados Unidos, el estadio estuvo vacío durante la mayoría de sesiones matinales, no se llenó muchas tardes y el ambiente no fue tan electrizante como se esperaba.

    b. Había más espectadores en las horas de la mañana.

    c. No había espacio vacío en las gradas para más espectadores.

6. **Lea detenidamente el texto y seleccione la respuesta correcta marcando una X.**

    a. Eugene es una ciudad entregada al baloncesto, con gente corriendo por todas partes, con hasta siete pistas de acceso público, pero es pequeña y, ante todo, universitaria, por lo que en julio está vacía.

    b. Eugene es una ciudad entregada al atletismo, con gente corriendo por todas partes, con hasta siete pistas de acceso público, pero es pequeña y, ante todo, universitaria, por lo que en julio está vacía.

    c. Eugene es una ciudad entregada al béisbol como deporte nacional.

7. **Lea detenidamente el texto y seleccione la respuesta correcta marcando una X.**
   a. La Federación Internacional de Atletismo, radica en Eugene.
   b. La Federación Internacional de Atletismo promovió muy bien el evento.
   c. Sebastián Coe es el presidente de la Federación Internacional de Atletismo.

8. **Lea detenidamente el texto y seleccione la respuesta correcta marcando una X.**
   a. Noah Lyles, es el campeón mundial de los 200 metros.
   b. Noah Lyles, es brasileño.
   c. Noah Lyles, campeón de los 400 metros planos.

9. **Lea detenidamente el texto y seleccione la respuesta correcta marcando una X.**
   "No voy a **mentir**: siento que no se ha hecho lo suficiente en este Mundial"
   a. El presente de indicativo del verbo mentir es: mentí, mentiste, mintió, mentimos, mentís, mintieron.
   b. El presente de indicativo del verbo mentir es: mentiré, mentiras, mentirán, mentiréis, mentirán.
   c. El presente de indicativo del verbo mentir es: miento, mientes, miente, mentimos, mentís, mienten.

10. **Lea detenidamente el texto y seleccione la respuesta correcta marcando una X.**
   a. Atletas significa patrocinadores.
   b. Atletas significa competidores.
   c. Atletas significa espectadores.

Disney anuncia dos nuevas películas de 'Los Vengadores' para 2025.

Disney ha **anunciado** una nueva saga de las películas de superhéroes de **Marvel** con dos nuevos títulos de 'Avengers' ('Los Vengadores'). La compañía ha hecho este anuncio en la Comic-Con, donde también ha mostrado a los fans las primeras imágenes de su secuela de 'Pantera Negra'.

Las producciones de Marvel han dominado las taquillas de cine a nivel mundial en los últimos años. 'Avengers: Endgame', estrenada en 2019, se convirtió durante un tiempo en la película más taquillera de la historia al recaudar más de 2.790 millones de dólares.

'Avengers: The Kang Dynasty' **y** 'Avengers: Secret Wars' llegarán a las salas de cine en 2025, según anunció el presidente de Marvel Studios, Kevin Feige.

Estas películas seguirán los pasos de 'Avengers: Endgame', que creó un revuelo mediático sin precedentes al reunir las intrigas presentadas en los anteriores filmes de Marvel

Los dos nuevos títulos de 'Avengers' concluirán la próxima saga de más de una decena de **películas** y shows de televisión interconectados en el "universo cinematográfico de Marvel", anunció Feige.

Marvel explora el concepto de **"multiverso"**, popularizado en los dibujos animados de superhéroes en los que universos infinitos -y versiones infinitas de cada héroe y villano- coexisten.

1. **Lea detenidamente el texto y seleccione la respuesta correcta marcando una X.**

   a. Disney anuncia sus tres nuevos estrenos para 2025, estos son: 'Avengers: The Kang Dynasty' y 'Avengers: Secret Wars'

   b. Disney anuncia sus tres nuevos estrenos para 2028, estos son: 'Avengers: The Kang Dynasty' y 'Avengers: Secret Wars'

   c. Disney anuncia sus tres nuevos estrenos para 2025, estos son: 'Avengers: The Kang Dynasty' y 'Avengers: Secret Wars' y serán más taquilleros que nunca.

2. **Lea detenidamente el texto y seleccione la respuesta correcta marcando una X.**

   a. Las producciones de Marvel han dominado las taquillas de cine a nivel mundial en los últimos tres años.

   b. Las producciones de Marvel han dominado las taquillas de cine a nivel mundial en los últimos años pasando en teatros y hasta en estadios deportivos.

   c. Las producciones de Marvel han dominado las taquillas de cine a nivel mundial en los últimos años.

3. **Lea detenidamente el texto y seleccione la respuesta correcta marcando una X.**

   a. Marvel no trata muy bien el concepto de **"multiverso"**, popularizado en los dibujos animados de superhéroes en los que universos infinitos -y versiones infinitas de cada héroe y villano- coexisten.

   b. Marvel explora el concepto de **"multiverso"**, popularizado en los dibujos animados de superhéroes en los que universos infinitos -y versiones infinitas de cada héroe y villano- coexisten.

c. Marvel explora el concepto de **"multiverso"**, popularizado en los dibujos animados de superhombres en los que universos infinitos - y versiones infinitas de cada héroe y villano- coexisten.

4. **Lea detenidamente el texto y seleccione la respuesta correcta marcando una X.**

   a. La película más taquillera de la historia al recaudar más de 2.790 millones de dólares es 'Avengers: Endgame'

   b. La película más taquillera de la historia al recaudar más de 2.790 millones de dólares es Marvel.

   c. La película más taquillera de la historia al recaudar más de 2.790 millones de dólares se estrenó en 2022.

5. **Lea detenidamente el texto y seleccione la respuesta correcta marcando una X.**

   a. El presidente de Marvel Estudios, es Kevin Feige

   b. El presidente de Marvel Estudios, es Endgame.

   c. El presidente de Marvel Estudios, es The Kang Dynasty.

6. **Lea detenidamente el texto y seleccione la respuesta correcta marcando una X.**

   a. En la frase "al reunir **las** intrigas presentadas en **los** anteriores filmes de Marvel" las palabras en negrita son pronombres demostrativos.

   b. En la frase "al reunir **las** intrigas presentadas en **los** anteriores filmes de Marvel" las palabras en negrita son artículos indeterminados.

   c. En la frase "al reunir **las** intrigas presentadas en **los** anteriores filmes de Marvel" las palabras en negrita son artículos determinados.

7. **Lea detenidamente el texto y seleccione la respuesta correcta marcando una X.**
   a. La palabra **películas** significa lamina fina de acetato.
   b. La palabra **películas** significa filmes.
   c. La palabra **películas** significa royo de fotografía.

8. **Lea detenidamente el texto y seleccione la respuesta correcta marcando una X.**
   a. El verbo **anunciado** es el participio del verbo anunciar.
   b. El verbo **anunciado** es el pretérito del verbo anunciar.
   c. El verbo **anunciado** es el futuro del verbo anunciar.

9. **Lea detenidamente el texto y seleccione la respuesta correcta marcando una X.**
   a. **Se** convirtió durante un tiempo en la película más taquillera, SE es un pronombre demostrativo.
   b. **Se** convirtió durante un tiempo en la película más taquillera, SE es un pronombre personal.
   c. **Se** convirtió durante un tiempo en la película más taquillera, SE es un pronombre reflexivo.

10. **Lea detenidamente el texto y seleccione la respuesta correcta marcando una X.**
   a. "nueva saga de las películas de superhéroes" la palabra DE es una conjunción.
   b. "nueva saga de las películas de superhéroes" la palabra DE es una preposición.
   c. "nueva saga de las películas de superhéroes" la palabra DE es una interjección.

El Picasso confiscado en Ibiza es original, según los expertos.

Autoridades en materia de Patrimonio Cultural y Bellas Artes han considerado, de forma preliminar y a falta de informes más exhaustivos, que la obra atribuida a Picasso, interceptada en el Aeropuerto de Ibiza, es original y, por tanto, el precio facturado por una galería suiza se ajusta al precio de mercado.

Según ha informado este lunes el Ministerio de Hacienda y Función Pública, tras la intervención de la obra se realizaron gestiones con la Dirección General de Patrimonio Cultural y Bellas Artes del Ministerio de Cultura, que se puso en contacto con la directora del Museo de Arte Contemporáneo de Ibiza, informando positivamente, con carácter preliminar, sobre la originalidad de la pieza intervenida y su valor de mercado.

Para la acreditación definitiva se requerirán informes más exhaustivos que tendrán que ser realizados por expertos en la obra de Picasso **mediante técnicas avanzadas.**

Funcionarios de Aduanas de la Agencia Tributaria y agentes de la Guardia Civil, en el marco de una operación conjunta, intervinieron el pasado 5 de julio un dibujo atribuido a Pablo Picasso. La obra, *Trois personnages* (1966), se encontraba **en el equipaje de un viajero procedente de Suiza** que intentaba introducir el cuadro en España sin declarar.

Según el Ministerio de Hacienda y Función Pública, la actuación tiene su origen en una información remitida por la Aduana de Suiza al Centro de Coordinación Operativa Permanente del Departamento de Aduanas de la Agencia Tributaria sobre un viajero que, con origen en el país helvético, se encontraba en **vuelo comercial Zúrich-Ibiza** portando una obra de arte en circunstancias que las autoridades suizas consideraron sospechosas.

Tras estas informaciones, se dispuso un operativo formado por funcionarios de Aduanas de la Agencia Tributaria y agentes de Guardia Civil para intervenir la obra, en caso de que el viajero intentase introducirla sin declaración, sustrayéndola así al control de las autoridades aduaneras españolas.

PRESUNTO DELITO DE CONTRABANDO

A su llegada al Aeropuerto de Ibiza, **el viajero negó que tuviese algo que declarar.** De inmediato, se procedió a la **comprobación de su equipaje**, encontrando en el interior una **obra de arte con firma de Picasso**. En ese momento, el viajero **pasó a alegar que se trataba de una copia y mostró una factura manuscrita de 1.500 francos suizos.**

Sin embargo, en el registro en profundidad de su equipaje **se encontró una segunda factura**, en esta ocasión de una galería de arte de Zúrich **por un valor de 450.000 francos suizos**, en cuyo concepto aparece el título de la obra *Trois personnages* de 1966.

Las autoridades aduaneras procedieron así a la **intervención de la lámina por un presunto delito de contrabando** al haberse introducido sin declaración desde Suiza una obra de arte cuyo valor superaría claramente los límites legales establecidos.

Al tratarse de un bien que supera los 150.000 euros y que ha sido introducido sin declaración aduanera pese a las preguntas expresas de las autoridades, se habría cometido un presunto delito de contrabando.

La introducción lícita de la obra en España habría implicado tener que satisfacer los **derechos arancelarios y el IVA a la importación**, además de las obligaciones de **declaración administrativa** a las que estuviera sujeta la mercancía.

La obra de arte se encuentra a disposición del Juzgado de Instrucción 4 de Ibiza, que se encarga de la investigación de los hechos.

1. **Lea detenidamente el texto y seleccione la respuesta correcta marcando una X.**

   a. "la obra atribuida a Picasso, interceptada en el Aeropuerto de Ibiza, es falsa".

   b. "la obra atribuida a Picasso, interceptada en el Aeropuerto de Ibiza, es original".

   c. "la obra atribuida a Picasso, interceptada en el Aeropuerto de Ibiza, es falsa y fue pintada recientemente por un artista español".

2. **Lea detenidamente el texto y seleccione la respuesta correcta marcando una X.**

   a. Para la acreditación definitiva se requerirán informes más exhaustivos que tendrán que ser realizados por expertos en la obra de Picasso mediante técnicas avanzadas de carbono 14.

   b. Para la acreditación definitiva se requerirán informes más exhaustivos que tendrán que ser realizados por expertos en la obra de Picasso mediante técnicas avanzadas por distintos antropólogos reconocidos.

c. Para la acreditación definitiva se requerirán informes más exhaustivos que tendrán que ser realizados por expertos en la obra de Picasso mediante técnicas avanzadas.

3. **Lea detenidamente el texto y seleccione la respuesta correcta marcando una X.**

    a. El dibujo que intervinieron el pasado 17 de julio es un dibujo atribuido a Pablo Picasso

    b. El dibujo que intervinieron el pasado 5 de mayo es un dibujo atribuido a Pablo Picasso

    c. El dibujo que intervinieron el pasado 5 de julio es un dibujo atribuido a Pablo Picasso

4. **Lea detenidamente el texto y seleccione la respuesta correcta marcando una X.**

    a. El dibujo que intervinieron el pasado 5 de julio es un dibujo atribuido a Pablo Picasso venia de Italia.

    b. El dibujo que intervinieron el pasado 5 de julio es un dibujo atribuido a Pablo Picasso venia de Suiza.

    c. El dibujo que intervinieron el pasado 5 de julio es un dibujo atribuido a Pablo Picasso venia de Francia.

5. **Lea detenidamente el texto y seleccione la respuesta correcta marcando una X.**

    a. El dibujo que intervinieron el pasado 5 de julio es un dibujo atribuido a Pablo Picasso pasaba por el aeropuerto sin declaración.

    b. El dibujo que intervinieron el pasado 5 de julio es un dibujo atribuido a Pablo Picasso y pasaba por el aeropuerto con toda la documentación correcta.

c. El dibujo que intervinieron el pasado 5 de julio en un puerto de España es un dibujo atribuido a Pablo Picasso

6. **Lea detenidamente el texto y seleccione la respuesta correcta marcando una X.**

    a. Al tratarse de un bien que supera los 150.000 euros y que ha sido introducido sin declaración aduanera pese a las preguntas expresas de las autoridades, no se comprobó que se habría cometido un presunto delito de contrabando.

    b. Al tratarse de un bien que supera los 170.000 euros y que ha sido introducido sin declaración aduanera pese a las preguntas expresas de las autoridades, se habría cometido un presunto delito de contrabando.

    c. Al tratarse de un bien que supera los 150.000 euros y que ha sido introducido sin declaración aduanera pese a las preguntas expresas de las autoridades, se habría cometido un presunto delito de contrabando.

7. **Lea detenidamente el texto y seleccione la respuesta correcta marcando una X.**

    a. La obra de arte se encuentra a disposición del Juzgado de Instrucción 4 de Madrid, que se encarga de la investigación de los hechos.

    b. La obra de arte se encuentra a disposición del Juzgado de Instrucción 4 de Ibiza, que se encarga de la investigación de los hechos.

    c. La obra de arte se encuentra a disposición del contrabandista aún está bajo la Instrucción 4 de Ibiza, que se encarga de la investigación de los hechos.

8. **Lea detenidamente el texto y seleccione la respuesta correcta marcando una X.**

   a. Si fuera una introducción lícita de la obra en España habría implicado tener que satisfacer los derechos arancelarios y el IVA a la importación, además de las obligaciones de declaración administrativa a las que estuviera sujeta la mercancía.

   b. La introducción lícita de la obra en España habría implicado tener que satisfacer los derechos arancelarios y el IVA a la importación, además de las obligaciones de declaración administrativa a las que estuviera sujeta el dibujo por ser original.

   c. La introducción ilícita de la obra en España aún habría implicado tener que satisfacer los derechos arancelarios y el IVA a la importación, además de las obligaciones de declaración administrativa a las que estuviera sujeta la mercancía.

9. **Lea detenidamente el texto y seleccione la respuesta correcta marcando una X.**

   a. Las autoridades aduaneras procedieron así a la intervención de la lámina por un presunto delito de contrabando al haberse introducido sin declaración desde Suiza una obra de arte cuyo valor superaría claramente los límites legales establecidos.

   b. Las autoridades aduaneras procedieron así a la intervención de la lámina por un presunto delito de hurto al haberse introducido sin declaración desde Paris una obra de arte cuyo valor superaría claramente los límites legales establecidos.

   c. Las autoridades aduaneras no llegaron a proceder con la intervención de la lámina por tratarse de un dibujo original.

10. Lea detenidamente el texto y seleccione la respuesta correcta marcando una X.

a. La obra, Trois personnages (1966), se encontraba en el asiento delantero de un viajero procedente de Suiza que intentaba introducir el cuadro en España sin declarar.

b. La obra, Helena de Troya (1956), se encontraba en el equipaje de un viajero procedente de Suiza que intentaba introducir el cuadro en España sin declarar.

c. La obra, llamada Trois personnages (1966), se encontraba en el equipaje de un viajero procedente de Suiza que intentaba introducir el cuadro en España sin declarar.

OVNIs: El Pentágono abre oficialmente una oficina para su investigación.

Por Sofía Zermoglio.

El Pentágono abrirá pronto una oficina centrada exclusivamente en la investigación de los avistamientos de ovnis, según un comunicado publicado por el Departamento de Defensa de los Estados Unidos (DOD). La nueva oficina, denominada All-domain Anomaly Resolution Office (AARO), servirá de eje central para recoger, investigar y gestionar los informes de avistamientos de ovnis en todo el DOD, que incluye el Ejército de Tierra, la Armada y las Fuerzas Aéreas de Estados Unidos.

A principios del 2022, el Congreso celebró su primera audiencia sobre ovnis en más de medio siglo. Durante la audiencia, los legisladores interrogaron a los funcionarios del Pentágono para obtener más información sobre los avistamientos de ovnis, y muchos de ellos expresaron sus críticas sobre la falta de transparencia en torno a este tema.

Durante esa audiencia, el Pentágono desclasificó tres vídeos de alto secreto de la Marina de Estados Unidos filtrados anteriormente que muestran "fenómenos aéreos inexplicables" y que algunos creen que podrían mostrar Objetos Voladores No Identificados (OVNIs) en un esfuerzo "por aclarar cualquier idea errónea del público sobre si las imágenes que han estado circulando eran reales o si hay algo más en los vídeos", dijo un portavoz del Pentágono.

El Pentágono informó de unos 400 encuentros con ovnis: "Queremos saber qué hay ahí fuera", aseguraron en aquella oportunidad. A lo largo de los años hemos escuchado testimonios, se han presentado videos en los que se pueden apreciar objetos o fenómenos inexplicables. Por eso es que el Gobierno de los Estados Unidos decide finalmente poner en marcha una oficina para mantener un control y ampliar la autoridad de la principal oficina gubernamental dedicada a los ovnis. Anteriormente conocida como Grupo de Identificación y Gestión de Objetos Aéreos, la oficina será ahora conocida como Oficina de Resolución de Anomalías de Todo el Dominio, o AARO. Esta organización se creó principalmente para vigilar el espacio aéreo de "uso especial", que incluye las operaciones militares en curso, los guardias de tiro y otras zonas restringidas para usos de seguridad nacional.

"La misión de la AARO será sincronizar los esfuerzos de todo el Departamento de Defensa, y con otros departamentos y agencias federales de Estados Unidos, para detectar, identificar y atribuir objetos de interés en, sobre o cerca de las instalaciones militares, áreas de operación, áreas de entrenamiento, espacio aéreo de uso especial y otras áreas de interés", escribe el Departamento de Defensa.

Un objeto transmediático es aquel que puede desplazarse por tierra, por el aire o sobre o bajo el agua con la misma facilidad.

El subsecretario de Defensa de EE.UU. para Inteligencia y Seguridad, Ronald Moultrie, dijo en un memorando publicado que el establecimiento de la AARO sería un importante paso adelante para Estados Unidos.

En los casos en que se identifique un objeto relevante y se considere un peligro para la seguridad nacional, la oficina también es responsable de mitigar la amenaza: "Según sea necesario, [mitigará] cualquier amenaza asociada a la seguridad de las operaciones y a la seguridad nacional. Esto incluye objetos espaciales, aéreos, sumergidos y transmedios anómalos y no identificados".

La Cámara de Representantes votó a favor de la creación de un sistema gubernamental para informar sobre los ovnis como enmienda al proyecto de ley de defensa de este año, lo que también obligaría a los funcionarios de defensa actuales y anteriores a revelar información sobre el fenómeno. A la vez que el Congreso, ha concedido más fondos al presupuesto de defensa.

"Debemos asegurarnos de que el ejército y la comunidad de inteligencia están armados con la mejor información, capital y recursos científicos posibles para derrotar a nuestros enemigos y mantener la superioridad militar y tecnológica", dijo el representante Mike Gallagher en una declaración sobre la financiación.

La financiación de la nueva oficina ha sido proporcionada por la Ley de Autorización de Defensa Nacional para el año fiscal 2022, esencialmente, una ley federal que especifica el presupuesto y las prioridades del Departamento de Defensa para el próximo año fiscal. La nueva oficina será dirigida por Sean M. Kirk Patrick, el científico jefe del Centro de Inteligencia Espacial y de Misiles de la Agencia de Defensa, según el comunicado.

1. **Lea detenidamente el texto y seleccione la respuesta correcta marcando una X.**
    a. El texto trata de la oficina central de los Estados Unidos para centralizar el estudio de los avistamientos de Ovnis en todo su territorio nacional con el objetivo de proteger el espacio aéreo, terrestre y acuático y mantener la supremacía militar y tecnológica del país.
    b. El texto trata de la amenaza de los ovnis al territorio de los Estados Unidos.

  c. El texto trata de la amenaza de los ovnis al territorio de los Estados Unidos específicamente la flora y la fauna aérea, terrestre y acuática.

2. **Lea detenidamente el texto y seleccione la respuesta correcta marcando una X.**

  a. De acuerdo con el texto, (AARO), significa Asociación Aérea Nacional de Reparación de Ovnis.

  b. De acuerdo con el texto, La nueva oficina, denominada All-domain Anomaly Resolution Office (AARO), servirá de la principal fuente de prensa de comunicación pública para recoger, investigar y gestionar los informes de avistamientos de ovnis en todo el DOD, que incluye el Ejército de Tierra, la Armada y las Fuerzas Aéreas de Estados Unidos.

  c. De acuerdo con el texto, La nueva oficina, denominada All-domain Anomaly Resolution Office (AARO), servirá de eje central para recoger, investigar y gestionar los informes de avistamientos de ovnis en todo el DOD, que incluye el Ejército de Tierra, la Armada y las Fuerzas Aéreas de Estados Unidos.

3. **Lea detenidamente el texto y seleccione la respuesta correcta marcando una X.**

  a. La primera audiencia del Congreso Estadounidense sobre los avistamientos de ovnis ocurrirá en enero de 2023.

  b. A principios del 2022, el Congreso celebró su primera audiencia sobre ovnis en más de medio siglo. Durante la audiencia, los legisladores interrogaron a los funcionarios del Pentágono para obtener más información sobre los avistamientos de ovnis, y muchos de ellos expresaron sus críticas sobre la falta de transparencia en torno a este tema.

c. La primera audiencia del Congreso Estadounidense sobre los avistamientos de ovnis ocurrió en enero de 2020.

4. **Lea detenidamente el texto y seleccione la respuesta correcta marcando una X.**

a. El Pentágono informó de unos 1400 encuentros con ovnis

b. El Pentágono informó de unos 400 encuentros con ovnis en Argentina y Uruguay.

c. El Pentágono informó de unos 400 encuentros con ovnis: "Queremos saber qué hay ahí fuera", aseguraron en aquella oportunidad. A lo largo de los años hemos escuchado testimonios, se han presentado videos en los que se pueden apreciar objetos o fenómenos inexplicables.

5. **Lea detenidamente el texto y seleccione la respuesta correcta marcando una X.**

a. La oficina mitigara cualquier invasión que incluye objetos espaciales, aéreos, sumergidos y transmedios anómalos y no identificados.

b. La oficina se dedicará además a la detención de inmigrantes que penetren por las fronteras y tengan relación con los ovnis avistados en el espacio aéreo.

c. Según el artículo, los ovnis no son solamente peligrosos para los Estados Unidos, sino para la Unión Europea y los países del Mercosur.

6. **Lea detenidamente el texto y seleccione la respuesta correcta marcando una X.**

   a. La Cámara de Representantes votó en contra de la creación de un sistema gubernamental para informar sobre los ovnis como enmienda al proyecto de ley de defensa de este año.

   b. La Cámara de Representantes votó a favor de la creación de un sistema gubernamental para informar sobre los ovnis como enmienda al proyecto de ley de defensa de este año 2022.

   c. La Cámara de Representantes del Congreso americano no se quiso pronunciar en el debate y dejo esa responsabilidad al Senado.

7. **Lea detenidamente el texto y seleccione la respuesta correcta marcando una X.**

   a. Según Mike Gallagher el representante en una declaración sobre la financiación, aseguro que debemos asegurarnos de que el ejército y la comunidad de inteligencia están armados con la mejor información, capital y recursos científicos posibles para derrotar a nuestros enemigos y mantener la superioridad militar y tecnológica", dijo.

   b. Mike Gallagher es el representante de la agencia AP responsable por la noticia.

   c. Mike Gallagher es el comisionado estatal del estado de la Florida donde radica la NASA.

8. **Lea detenidamente el texto y seleccione la respuesta correcta marcando una X.**

   a. En el segmento, "están armados con la mejor información, **capital** y recursos científicos posibles" la palabra capital se refiere a la capital de los Estados Unidos.

b. En el segmento, "están armados con la mejor información, **capital** y recursos científicos posibles" la palabra capital se refiere a dinero.

c. En el segmento, "están armados con la mejor información, **capital** y recursos científicos posibles" la palabra capital se refiere a la pena capital que se aplicara a cualquier extraterrestre en el territorio nacional de los Estados Unidos.

9. **Lea detenidamente el texto y seleccione la respuesta correcta marcando una X.**

   a. La nueva oficina será dirigida por Ron DeSantis, el gobernador de la Florida y también jefe del Centro de Inteligencia Espacial y de Misiles de la Agencia de Defensa, según el comunicado.

   b. La nueva oficina será dirigida por Mike Gallagher, el científico jefe del Centro de Inteligencia Espacial y de Misiles de la Agencia de Defensa, según el comunicado.

   c. La nueva oficina será dirigida por Sean M. Kirk Patrick, el científico jefe del Centro de Inteligencia Espacial y de Misiles de la Agencia de Defensa, según el comunicado.

10. **Lea detenidamente el texto y seleccione la respuesta correcta marcando una X.**

   a. En el segmento del texto, "Durante esa audiencia, el Pentágono **desclasificó** tres vídeos de alto secreto de la Marina de Estados Unidos" la palabra en negritas es un adjetivo.

   b. En el segmento del texto, "Durante esa audiencia, el Pentágono **desclasificó** tres vídeos de alto secreto de la Marina de Estados Unidos" la palabra en negritas es un adverbio.

c. En el segmento del texto, "Durante esa audiencia, el Pentágono **desclasificó** tres vídeos de alto secreto de la Marina de Estados Unidos" el verbo esta conjugado en tercera persona del pretérito.

Ventajas y desventajas de las máquinas expendedoras de alimentos en las escuelas.

Por Julio Cesar González Valdés

Según la encuesta desarrollada en las escuelas públicas del condado de Miami sobre lo que los estudiantes piensan sobre las ventajas y desventajas de las máquinas expendedoras en las escuelas. Un grupo extenso de ellos expresa más las dificultades que los beneficios. Según su opinión, las desventajas en precio, en calidad y en la funcionalidad mecánica de estas máquinas, superan mucho a las ventajas. Pero, todos ellos piensan que es necesaria una o más máquinas expendedoras en la escuela. A los estudiantes les gusta **comprar** algunas bebidas o meriendas durante el día escolar. Por ejemplo, en las escuelas grandes, consideran útil más de una "Vending Machine" en diferentes lugares de la escuela. Además, utilizan la máquina expendedora, en lugar de la cafetería que solo está abierta a la hora del almuerzo. Así, aunque enumeran más desventajas que beneficios de las máquinas expendedoras, quieren este servicio en la escuela y lo consideran necesario.

En primer lugar, el 100 % de los alumnos encuestados considera una ventaja importante tener una máquina expendedora en la escuela. El estudio muestra que un 90 % de la población estudiantil en la escuela compra algo en la máquina expendedora, mientras que una minoría del 10 % de los alumnos de la parcela, no suele utilizar con frecuencia este servicio. Por ejemplo, el 90% de los estudiantes relató que cuando tienen hambre compran meriendas en la máquina expendedora. Además, el 100% de las personas consideran útil la máquina expendedora, ya que no tienen que hacer cola como en la cafetería. Además, el uso de la máquina expendedora está relacionado con la comunicación. Los estudiantes no tienen que preguntar a los adultos qué quieren comprar. Por lo tanto, la máquina expendedora facilita la vida de los estudiantes cuando quieren comer o beber meriendas durante el día escolar.

En segundo lugar, el estudio informa que las desventajas son mayores que los beneficios. Las desventajas que mostró la encuesta se centraron en los precios, la calidad de los productos y la calidad del equipo de las máquinas expendedoras. Por ejemplo, los usuarios piensan que el precio de un dólar por producto es caro, en comparación con los supermercados que venden los mismos productos más baratos. Además, las bolsas están casi vacías. Además, la calidad del equipo de la máquina expendedora se cuestiona de acuerdo con la cantidad de veces que el aparato se rompió durante la compra de la gente. Además, varias veces la máquina se queda con el dinero de los compradores y no entrega el producto. Además, las máquinas expendedoras no tienen cambio de más de un billete de un dólar. Por lo tanto, el estudio reveló una gran lista de desventajas que sufren los usuarios como la frustración de comprar en las máquinas expendedoras.

En resumen, el estudio sobre ventajas y desventajas revela que las máquinas expendedoras facilitan la vida de la comunidad escolar. Además, estas máquinas están vendiendo bebidas y meriendas 24/7. Además, este equipo es fácil de usar para todos. Por otro lado, las desventajas aparecieron formando una gran lista. Algunos de ellos se relacionaron con el precio, la calidad de los productos y la operatividad interna de este equipo. Por lo tanto, a los estudiantes les gusta usar la máquina expendedora, aunque cuando las desventajas son superiores a los beneficios.

1. **Lea detenidamente el texto y seleccione la respuesta correcta marcando una X.**
   a. Las máquinas expendedoras en las escuelas de Estados Unidos son ubicadas en los pasillos.
   b. Las máquinas expendedoras en las escuelas de Estados Unidos son llamadas vending machines.
   c. Las máquinas expendedoras en las escuelas de Estados Unidos son ubicadas en las cafeterías.

2. **Lea detenidamente el texto y seleccione la respuesta correcta marcando una X.**
   a. Las máquinas expendedoras en las escuelas de Estados Unidos son llamadas vending machines son más beneficiosas que desventajosas.
   b. Las máquinas expendedoras en las escuelas de Estados Unidos, llamadas vending machines venden también medicinas sin recetas.
   c. Las máquinas expendedoras en las escuelas de Estados Unidos, también llamadas vending machines ofrecen a los estudiantes más desventajas que ventajas.

3. **Lea detenidamente el texto y seleccione la respuesta correcta marcando una X.**
   a. Según el texto, los estudiantes usan más las máquinas expendedoras que las cafeterías a causa que estas últimas solo abren en el horario de almuerzo.
   b. Según el texto, cada producto obtenido de estas máquinas tiene un valor de $5.00 dólares.
   c. Según el texto estas máquinas tienen muy poco uso en las escuelas.

4. **Lea detenidamente el texto y seleccione la respuesta correcta marcando una X.**

   a. Según el texto, las llamadas también "vending machines", son más usadas en los horarios del almuerzo de los estudiantes.

   b. Según el texto, a pesar que las máquinas expendedoras tienen más desventajas que ventajas, los estudiantes consideran que deben mantenerse al menos una o dos por escuela porque les resultan útiles.

   c. Según el texto, en una encuesta a los estudiantes se revelo que ellos opinan innecesarias y que deben ser excluidas del contexto escolar.

5. **Lea detenidamente el texto y seleccione la respuesta correcta marcando una X.**

   a. Las desventajas que mostró la encuesta se centraron en los precios, la calidad de los productos y la calidad del equipo de las máquinas expendedoras

   b. Las desventajas que mostró la encuesta se centraron en los locales de ubicación, la calidad de los productos y la calidad del equipo de las máquinas expendedoras

   c. Las desventajas que mostró la encuesta se centraron en las horas de uso permitidas y la calidad del equipo de las máquinas expendedoras

6. **Lea detenidamente el texto y seleccione la respuesta correcta marcando una X.**

   a. Una gran desventaja de estas máquinas es que muchas veces los productos están con fechas de vencimiento expirada y son vendidos a pesar de esto.

b. Una gran ventaja de estas máquinas es que muchas veces los productos caen rápidamente en la ventana expedidora para ser consumidos por el comprador.

c. Una gran desventaja de estas máquinas es que muchas veces los productos no caen en la ventana expedidora y los niños pierden su dinero.

7. **Lea detenidamente el texto y seleccione la respuesta correcta marcando una X.**

a. El estudio concluye que la máquina expendedora dificulta la disciplina y la vida de los estudiantes cuando quieren comer o beber meriendas durante el día escolar.

b. El estudio concluye que la máquina expendedora facilita la vida de los estudiantes cuando quieren comer o beber meriendas durante el día escolar.

c. El estudio concluye que la máquina expendedora vende meriendas, bebidas y servilletas para los alumnos de la escuela.

8. **Lea detenidamente el texto y seleccione la respuesta correcta marcando una X.**

a. Los encuestados señalaron en su mayoría que la calidad del equipo de la máquina expendedora se cuestiona de acuerdo con la cantidad de veces que el aparato se rompió durante la compra de la gente. Además, varias veces la máquina se queda con el dinero de los compradores y no entrega el producto.

b. Los encuestados señalaron en su mayoría que la calidad del equipo siempre es muy funcional.

c. Los encuestados señalaron en su mayoría que la calidad del equipo es buena, rápida y evita el amontonamiento de los estudiantes compradores.

9. **Lea detenidamente el texto y seleccione la respuesta correcta marcando una X.**

   a. Por ejemplo, el 90% de los estudiantes relató que cuando tienen hambre esperan los horarios de almuerzo de las escuelas en lugar de las máquinas.

   b. Por ejemplo, el 90% de los estudiantes relató que cuando tienen hambre usan la cafetería de la escuela.

   c. Por ejemplo, el 90% de los estudiantes relató que cuando tienen hambre compran meriendas en la máquina expendedora.

10. **Lea detenidamente el texto y seleccione la respuesta correcta marcando una X.**

    a. El presente de indicativo del verbo **comprar** que está en negritas en el texto es compre, compraste, compro, compramos, comprasteis, compraron.

    b. El presente de indicativo del verbo **comprar** que está en negritas en el texto es compro, compras, compra, compramos, compráis, compran.

    c. El presente de indicativo del verbo **comprar** que está en negritas en el texto es comprare, compraras, comprara, compraremos, comprareis, compraran.

Ventajas y desventajas de la participación de los padres en la escuela de sus hijos

Por Julio Cesar González Valdés

A nivel nacional, la discusión sobre la importancia de la participación de los padres en las escuelas se está intensificando. La violencia y el crimen ocurren en nuestras ciudades y en muchas de nuestras escuelas públicas. Nuestros niños están involucrados en la violencia y el crimen todos los días. Por esta razón, la participación de los padres en la vida de los niños es cada vez mayor. Aunque la participación de los padres puede requerir dinero y tiempo, los beneficios son mayores que los desafíos. Las ventajas pueden incluir más protección, mejoras académicas, menos violencia y delincuencia en las escuelas y una comunicación más efectiva entre padres, estudiantes y maestros. Indiscutiblemente, la mejora en la calidad de nuestros ciudadanos va en aumento cuando los padres participan activamente y colaboran con las escuelas y los docentes ya que ayuda a moldear el futuro. Por lo tanto, debemos centrarnos en los aspectos positivos y no en las desventajas de la participación de los padres.

En primer lugar, las ventajas extraordinarias son para los padres, los niños y las escuelas cuando se produce la participación de los padres. La presencia y participación de los padres en el horario diario de sus hijos puede incluir eventos escolares, actividades en el hogar como tarea y actividades extracurriculares. Un gran beneficio es que los padres y los niños se sienten seguros y protegidos porque están presentes activamente. Además, ayudan a proteger a su hijo mientras está en la escuela. Por ejemplo, pueden monitorear los terrenos de la escuela al comienzo y al final del día escolar. Además, sus hijos se sienten seguros y no se involucran en actividades de pandillas y drogas. Además, los padres pueden mantener a sus hijos protegidos de la droga y de posibles maltratos físicos y psíquicos en lugares públicos o privados de esparcimiento. Recientemente, un estudio demuestra que el 97 % de los niños cuyos padres se involucran en sus actividades tienen más confianza en sí mismos que otros niños. Además, aumenta la comunicación entre ellos, facilitando su crecimiento personal. Por lo tanto, las ventajas de la participación de los padres producen beneficios no solo para los padres y los niños, sino también para las escuelas.

se pueden esperar desventajas cuando los padres se involucran en la vida de sus hijos. Por ejemplo, para los niños que provienen de un hogar monoparental, la sobreprotección puede ser un factor negativo. Estudio educativo demostró que los estudiantes sin supervisión extrema resuelven problemas y toman decisiones desarrollando habilidades independientes. Además, el estudio reveló que cuando los estudiantes están expuestos a cometer errores, esto genera confianza porque aprenderán de sus errores. Además, el tiempo y los recursos para los padres son desafíos. Por ejemplo, ayudan con la tarea de sus hijos. Asimismo, aprovechan un tiempo valioso cuando esperan a que su hijo tome el autobús escolar en la mañana, lo que no requiere un gasto. Como consecuencia, gastan dinero en el costo de la gasolina y en viajar todos los días a la escuela. De ahora en adelante, estas y otras desventajas pueden presentar un desafío cuando los padres están involucrados.

Por lo tanto, continúa la discusión a nivel nacional sobre la participación de los padres en la escuela en nuestro país. Recientemente, los informes demuestran que hay más ventajas que desventajas en la participación de los padres. Por ejemplo, brinda más protección a nuestros hijos y la mejora de sus resultados académicos en las escuelas es considerable. También se reduce la disminución de la violencia y delincuencia que involucran a niños y adolescentes.

1. **Lea detenidamente el texto y seleccione la respuesta correcta marcando una X.**

   a. El asunto principal del texto es acerca de la discusión sobre la importancia de la participación de los padres junto con la policía, en las escuelas debido a que la violencia y el crimen ocurren en nuestras ciudades y en muchas de nuestras escuelas públicas.

   b. El asunto principal del texto es acerca de la discusión sobre la importancia de la participación de los padres en las escuelas vistiendo adecuadamente ropas de carácter social porque la violencia y el crimen ocurren en nuestras ciudades y en muchas de nuestras escuelas públicas.

   c. El asunto principal del texto es acerca de la discusión sobre la importancia de la participación de los padres en las escuelas se está intensificando. La violencia y el crimen ocurren en nuestras ciudades y en muchas de nuestras escuelas públicas.

2. **Lea detenidamente el texto y seleccione la respuesta correcta marcando una X.**

   a. Según el texto, las ventajas de más participación de los padres en la vida escolar de los hijos, pueden incluir más protección, mejoras académicas, menos violencia y delincuencia en las escuelas y una comunicación más efectiva entre padres, estudiantes y maestros.

   b. Según el texto, las ventajas de más participación de los padres en la vida escolar de los hijos, pueden incluir más protección usando armas de fuego, mejoras académicas, menos violencia y delincuencia en las escuelas y una comunicación más efectiva entre padres, estudiantes y maestros.

c. Según el texto, las ventajas de más participación de los padres en la vida escolar de los hijos, pueden incluir más protección, mejoras en las notas de matemática, menos violencia y delincuencia en las escuelas y una comunicación más efectiva entre padres, estudiantes y maestros.

3. Lea detenidamente el texto y seleccione la respuesta correcta marcando una X.

a. Los padres no pueden influenciar en las normativas de la escuela.

b. Según el texto, la mejora en la calidad de nuestros ciudadanos va en aumento cuando los padres participan activamente y colaboran con las escuelas y los docentes ya que ayuda a moldear el futuro.

c. Los padres si pueden influenciar en las normativas de la escuela.

4. Lea detenidamente el texto y seleccione la respuesta correcta marcando una X.

a. Según un estudio demuestra que el 87 % de los niños cuyos padres se involucran en sus actividades tienen más confianza en sí mismos que otros niños. Además, aumenta la comunicación entre ellos, facilitando su crecimiento personal.

b. Un estudio demuestra que menos del 97 % de los niños cuyos padres se involucran en sus actividades tienen más confianza en sí mismos que otros niños. Además, aumenta la comunicación entre ellos, facilitando su crecimiento personal.

c. Según un estudio, se demuestra que el 97 % de los niños cuyos padres se involucran en sus actividades tienen más confianza en sí mismos que otros niños. Además, aumenta la comunicación entre ellos, facilitando su crecimiento personal.

5. **Lea detenidamente el texto y seleccione la respuesta correcta marcando una X.**

   a. En la siguiente frase, "aumenta la comunicación **entre** ellos, facilitando su crecimiento personal" la palabra en negritas es una proposición y un adverbio de lugar.

   b. En la siguiente frase, "aumenta la comunicación **entre** ellos, facilitando su crecimiento personal" la palabra en negritas es un adjetivo y un pronombre demostrativo.

   c. En la siguiente frase, "aumenta la comunicación **entre** ellos, facilitando su crecimiento personal" la palabra en negritas es una conjunción.

6. **Lea detenidamente el texto y seleccione la respuesta correcta marcando una X.**

   a. En la frase, "**Por lo tanto**, continúa la discusión a nivel nacional sobre la participación de los padres en la escuela en nuestro país" la palabra en negrita es una conjunción distributiva.

   b. En la frase, "**Por lo tanto**, continúa la discusión a nivel nacional sobre la participación de los padres en la escuela en nuestro país" la palabra en negrita es una conjunción consecutiva.

   c. En la frase, "**Por lo tanto**, continúa la discusión a nivel nacional sobre la participación de los padres en la escuela en nuestro país" la palabra en negrita es un adverbio de tiempo.

7. **Lea detenidamente el texto y seleccione la respuesta correcta marcando una X.**

   a. "Como consecuencia, gastan dinero en el costo de la gasolina y en viajar todos los días a la escuela". Esta frase denota un descuido de los padres.

b. "Como consecuencia, gastan dinero en el costo de la gasolina y en viajar todos los días a la escuela". Esta frase denota una ventaja.

c. "Como consecuencia, gastan dinero en el costo de la gasolina y en viajar todos los días a la escuela". Esta frase denota una desventaja.

8. Lea detenidamente el texto y seleccione la respuesta correcta marcando una X.

a. "Como consecuencia, **gastan** dinero en el costo de la gasolina y en viajar todos los días a la escuela". En esta frase el verbo gasta viene del verbo gastar y esta conjugado en tercera persona del plural del pretérito perfecto: **ellos gastan**.

b. "Como consecuencia, **gastan** dinero en el costo de la gasolina y en viajar todos los días a la escuela". En esta frase el verbo gasta viene del verbo gastar y esta conjugado en tercera persona del plural del presente de indicativo: **ellos gastan**.

c. "Como consecuencia, **gastan** dinero en el costo de la gasolina y en viajar todos los días a la escuela". En esta frase el verbo gasta viene del verbo gastar y esta conjugado en tercera persona del plural del futuro de indicativo: **ellos gastan**.

9. Lea detenidamente el texto y seleccione la respuesta correcta marcando una X.

a. "…estas y otras desventajas pueden presentar un desafío cuando los padres están **involucrados**". La palabra en negrita es sinónimo de comprometidos.

b. "…estas y otras desventajas pueden presentar un desafío cuando los padres están **involucrados**". La palabra en negrita es sinónimo de descuidados.

c. "…estas y otras desventajas pueden presentar un desafío cuando los padres están **involucrados**". La palabra en negrita es sinónimo de negligentes.

10. Lea detenidamente el texto y seleccione la respuesta correcta marcando una X.

a. "…continúa la discusión a nivel nacional sobre la participación de los padres en la escuela en **nuestro** país" la palabra en negritas es el pronombre personal de la primera persona del plural.

b. "…continúa la discusión a nivel nacional sobre la participación de los padres en la escuela en **nuestro** país" la palabra en negritas es el pronombre demostrativo de la primera persona del plural.

c. "…continúa la discusión a nivel nacional sobre la participación de los padres en la escuela en **nuestro** país" la palabra en negritas es el pronombre reflexivo de la primera persona del plural.

Los desafíos y beneficios de los libros de texto electrónicos (E-Books)

Por Julio Cesar González Valdés

Hoy en día la tecnología introducida en la educación está afectando a las personas en todo el mundo. Los cursos de universidades y escuelas están pasando de los cursos tradicionales en campus y clase presencial a cursos en línea. Todas estas intervenciones tecnológicas en nuestra vida y en la educación han sido posibles por la proliferación de diferentes nuevos dispositivos conectados a Internet. Paralelamente, los libros tradicionales están apareciendo como una versión tecnológica de libros electrónicos comúnmente llamados E-books. La nueva generación de libros de texto electrónicos trae beneficios para los estudiantes acompañados de desafíos o dificultades. Sin embargo, los lectores deben enfrentar desafíos como; adaptar su estilo de aprendizaje, mantener cargados los dispositivos electrónicos y manejarbien el almacenamiento de los libros electrónicos en línea o en un dispositivo físico.

En primer lugar, según encuestas realizadas por algunas universidades de EE. UU., el 100 % de las personas encuestadas está de acuerdo en que los libros electrónicos son más baratos que los libros tradicionales. Lectores de todas las edades están considerando libros electrónicos fáciles de almacenar y traducir. Además, encuestas reflejan que los e-books se pueden leer cuando quieran y en cualquier lugar, ya que cuentan con un dispositivo electrónico, y otro grupo opina que la calidad del texto y las imágenes en los e-books es superior a los libros impresos tradicionales. Por ejemplo, los usuarios de libros electrónicos creen que la cantidad de libros electrónicos que se pueden almacenar en un dispositivo portátil de poco más de una mano son más de cien. Además, los libros de texto electrónicos se pueden almacenar en nubes personales en línea. Además, se pueden llevar donde quiera que vayan y ser leídos. El grupo mayoritario encuestado considera que la calidad de los textos y las imágenes es superior en los libros electrónicos. Por ejemplo, según este grupo, los grandes beneficios son que pueden modificar el tamaño de las fuentes del texto según sus necesidades. Además, todas las imágenes e imágenes se imprimen en alta definición (HD). Las imágenes también se pueden ampliar para ver detalles importantes, etc. Por lo tanto, gran parte del lector se centra en los beneficios de los libros de texto electrónicos.

En segundo lugar, cuando las encuestas realizaron preguntas sobre los desafíos o las dificultades para los lectores de libros electrónicos, la mayoría de los lectores de entre 25 y 60 años consideran que los desafíos son fuertes y ellos no se adaptan a su estilo de aprendizaje porque muchos de ellos son aprendices kinestésicos. Por ejemplo, les gusta tocar el papel de los libros tradicionales. Además, a algunos les gusta el olor de los libros impresos. Además, a muchos estudiantes les gusta escribir en los libros y resaltar citas. Adicionalmente, aquellos lectores consideran sufrir frustración porque las baterías de sus dispositivos se caen cuando no hay posibilidad de recarga inmediata. Otro ejemplo que señaló esta población lectora de edad es el de tratar de guardar sus libros en dispositivos. Además, encontrar estos libros en sus computadoras de controladores flash es difícil para ellos. Sin embargo, los lectores con edades entre 10-24 años también llamados "conectados", se sienten cómodos con los libros electrónicos. Por tanto, los nuevos libros de texto electrónicos siguen siendo hoy en día un reto para lectores y aprendices.

En resumen, todos los estudiantes y lectores están de acuerdo sobre los desafíos y beneficios de los nuevos libros de texto electrónicos. A pesar de ello, la producción y proliferación mundial de los mismos no se detiene. Los tres beneficios más relevantes son el costo, la portabilidad y la capacidad de almacenamiento. Los libros de texto electrónicos son más baratos en todo el mundo. Los libros electrónicos son portátiles y fáciles de almacenar muchos de ellos. Sin embargo, los desafíos como la adaptabilidad del alumno y los lectores al uso son notables. La caída fuerte y difícil de la energía. Todos los dispositivos necesitan energía y deben cargarse con frecuencia. Por lo tanto, los desafíos y beneficios continuarán según los usuarios y el tipo de dispositivo utilizado para leerlos.

1. **Lea detenidamente el texto y seleccione la respuesta correcta marcando una X.**
   a. Según el texto, "los libros tradicionales están apareciendo como una versión tecnológica de libros electrónicos comúnmente llamados E-books"
   b. Según el texto, "los libros tradicionales están siendo sustituidos totalmente por una versión tecnológica de libros electrónicos comúnmente llamados E-books"
   c. Según el texto, "los libros impresos no están apareciendo en una versión tecnológica de libros electrónicos comúnmente llamados E-books"

2. **Lea detenidamente el texto y seleccione la respuesta correcta marcando una X.**
   a. Según el texto en este segmento, se demuestra que no es muy fácil la adaptación a "la nueva generación de libros de texto electrónicos [porque] trae beneficios para los estudiantes acompañados de desafíos o dificultades".
   b. Según el texto en este segmento, se demuestra que es muy fácil la adaptación a "la nueva generación de libros de texto electrónicos trae beneficios para los estudiantes acompañados de desafíos o dificultades".

    c. Según el texto en este segmento, se demuestra que es muy fácil la adaptación a "la nueva generación de libros de texto electrónicos" porque se venden a un alto precio en el mercado.

3. **Lea detenidamente el texto y seleccione la respuesta correcta marcando una X.**

    a. Los ebooks a pesar que se están proliferando, no tienen ningún éxito notable por lo menos en el presente.

    b. Para que los ebooks tengan éxito dice el texto que: "los lectores deben enfrentar desafíos como; adaptar su estilo de aprendizaje, mantener cargados los dispositivos electrónicos y manejar bien el almacenamiento de los libros electrónicos en línea o en un dispositivo físico".

    c. Según el texto, las universidades en Estados Unidos de América solo recomiendan los libros electrónicos.

4. **Lea detenidamente el texto y seleccione la respuesta correcta marcando una X.**

    a. En la frase, "La nueva generación de libros de texto electrónicos **trae** beneficios para los estudiantes acompañados de desafíos o dificultades". El verbo trae esta conjugado en tercera persona del plural del presente de indicativo.

    b. En la frase, "La nueva generación de libros de texto electrónicos **trae** beneficios para los estudiantes acompañados de desafíos o dificultades". El verbo **trae** esta conjugado para el sujeto alumnos.

    c. En la frase, "La nueva generación de libros de texto electrónicos **trae** beneficios para los estudiantes acompañados de desafíos o dificultades". El verbo **trae** esta conjugado en tercera persona del singular del presente de indicativo.

5. **Lea detenidamente el texto y seleccione la respuesta correcta marcando una X.**

    a. los libros electrónicos son mejores que los libros tradicionales.

    b. los libros electrónicos son más caros que los libros tradicionales.

    c. los libros electrónicos son más baratos que los libros tradicionales.

6. **Lea detenidamente el texto y seleccione la respuesta correcta marcando una X.**

    a. Las encuestas reflejan que los e-books no se pueden leer cuando quieran y en cualquier lugar, ya que cuentan con muy poca carga en las baterías.

    b. Las encuestas reflejan que los e-books se pueden leer cuando quieran y en cualquier lugar, ya que cuentan con un dispositivo electrónico de muy poco peso y con protección a la claridad.

    c. Los libros electrónicos son más pesados que su misma versión original impresa.

7. **Lea detenidamente el texto y seleccione la respuesta correcta marcando una X.**

    a. Según el texto, "El grupo mayoritario encuestado considera que la calidad de los textos y las imágenes es superior en los libros electrónicos".

    b. Según el texto, "El grupo mayoritario encuestado considera que la calidad de los textos y las imágenes es superior en los libros impresos en relación con los libros electrónicos".

    c. Según el texto, "El grupo minoritario encuestado considera que la calidad de los textos y las imágenes es superior en los libros electrónicos".

8. **Lea detenidamente el texto y seleccione la respuesta correcta marcando una X.**

   a. Según el texto, "la mayoría de los lectores de entre 25 y 60 años consideran que los desafíos son fuertes y se adaptan a su estilo de aprendizaje porque muchos de ellos son aprendices alérgicos".

   b. Según el texto, "la mayoría de los lectores de entre 25 y 60 años consideran que los desafíos son fuertes y ellos no se adaptan a su estilo de aprendizaje porque muchos de ellos son aprendices kinestésicos".

   c. Según el texto, "la mayoría de los lectores de entre 25 y 60 años consideran que los desafíos no fuertes, pero no se adaptan a su estilo de aprendizaje porque muchos de ellos son aprendices kinestésicos".

9. **Lea detenidamente el texto y seleccione la respuesta correcta marcando una X.**

   a. Según el texto, "Las tres desventajas más relevantes son el costo, la portabilidad y la capacidad de almacenamiento".

   b. Según el texto, "Los tres desafíos más relevantes son el costo, la portabilidad y la capacidad de almacenamiento".

   c. Según el texto, "Los tres beneficios más relevantes son el costo, la portabilidad y la capacidad de almacenamiento".

10. **Lea detenidamente el texto y seleccione la respuesta correcta marcando una X.**

    a. Según la gramática, la siguiente oración es una oración simple. "Los tres beneficios más relevantes son el costo, la portabilidad y la capacidad de almacenamiento".

    b. Según la gramática, la siguiente oración es una oración compuesta. "Los tres beneficios más relevantes son el costo, la portabilidad y la capacidad de almacenamiento".

c. Según la gramática, la siguiente oración es una oración compuesta coordinada. "Los tres beneficios más relevantes son el costo, la portabilidad y la capacidad de almacenamiento".

Plagio. Cómo detener o prevenir el plagio en la escuela y la universidad por los estudiantes.

Por Julio Cesar González Valdés

El plagio es apropiarse de la idea o propiedad intelectual de otro. El plagio se produce de forma consciente o por desconocimiento. Pero plagio no es robar algo material sino robar las ideas escritas o patentadas. La práctica del plagio es común en escuelas, colegios y universidades. Es un problema para los profesores que se enfrentan con frecuencia al plagio. La mejor solución no es solo penalizar el plagio cuando se detecta. Los profesores tienen la misión de enseñar a los alumnos a utilizar sus propias ideas en lugar de las ideas de los demás. Los estudiantes deben ser auténticos expresándose por escrito. Además, detectar el plagio hoy en día es muy fácil gracias a la tecnología de Internet. El plagio afecta a autores y aprendices. Por lo tanto, la tarea sobre el plagio es prevenirlo en lugar de sancionar.

En primer lugar, el plagio debe prevenirse mediante la enseñanza. Los educadores e instructores deben enseñar a indicar las ideas de los demás académicamente correctas cuando escriben. Los profesores deben enseñar a los estudiantes a ser auténticos en su escritura desde el sexto grado hasta el final de la universidad. Por ejemplo, los educadores e instructores deben enseñar a mencionar correctamente las ideas de otros en su trabajo escrito. Además, los docentes deben explicar a los estudiantes que sean auténticos en su escritura desde el sexto grado hasta el final de la universidad. Algunos estudios revelan que los estudiantes que aprenden y desarrollan habilidades de escritura les ayudan a hacer citas precisas y a respetar las normas de derechos de autor. Enseñar a los alumnos a resaltar las ideas de los demás. Además, reflejar a los autores en la bibliografía de sus trabajos de clase o tarea. Así, el plagio afecta a los alumnos ya los autores.

En segundo lugar, es importante enseñar cómo el plagio afecta a los autores y a los alumnos. Por ejemplo, todo autor de un trabajo académico merece respeto. Además, las obras escritas y registradas están protegidas por las leyes internacionales de derechos de autor y las personas que las violen pueden ser sancionadas. Además, los profesores deben desarrollar el pensamiento creativo de los estímulos potenciales de los estudiantes. Un estudiante no debe escribir algo que pertenece a otros sin cita. El estudio mencionado también relacionó una mejora de las habilidades de escritura de los estudiantes ayuda contra el plagio. Esta práctica afecta positivamente su pensamiento creativo. Cuando un alumno hace frente y pega, está acabando con el proceso de pensamiento creativo. También esto afecta su autoestima. Además, el alumno que comete el plagio está cometiendo una infracción de derechos de autor. Estudiante que por lo general se engaña a sí mismo y está afectando su confianza en sí mismo. Entonces, el plagio afecta dramáticamente a los autores y estudiantes.

Finalmente, una adecuada retroalimentación de los docentes a los alumnos que suspenden en plagio accidental ayuda a prevenirlo. Los maestros y los alumnos trabajan juntos para explicar y expresar las ideas verbales o escritas de los demás. Las consecuencias de la caída en la infracción de los derechos de autor están sancionadas por las leyes federales e internacionales. Por lo tanto, evitar la práctica del plagio ayuda a las personas a ser proactivas y protegerse moral y legalmente.

1. **Lea detenidamente el texto y seleccione la respuesta correcta marcando una X.**
   a. El plagio es usar con permiso la idea o propiedad intelectual de otro.
   b. El plagio es apropiarse de la idea o propiedad intelectual de otro.
   c. El plagio es la ciudad más popular de Italia.

2. **Lea detenidamente el texto y seleccione la respuesta correcta marcando una X.**
   a. El plagio se produce de forma consciente o por desconocimiento.
   b. El plagio se produce de forma inconsciente, pero con conocimiento.
   c. El plagio se produce en los puestos de gasolina de toda Europa.
3. **Lea detenidamente el texto y seleccione la respuesta correcta marcando una X.**
   a. Pero plagio es robar algo material y robar las ideas escritas o patentadas.
   b. Pero plagio no es almacenar en un dispositivo electrónico las ideas escritas o patentadas.
   c. "Pero plagio no es robar algo material que se pueda cargar con este, sino robar las ideas escritas o patentadas".
4. **Lea detenidamente el texto y seleccione la respuesta correcta marcando una X.**
   a. La práctica del plagio es común en escuelas, colegios y universidades solo en Estados Unidos de América.
   b. La práctica del plagio es común en escuelas, colegios y universidades y hasta en los hogares de ancianos.
   c. La práctica del plagio es común en escuelas, colegios y universidades de todo el mundo civilizado.
5. **Lea detenidamente el texto y seleccione la respuesta correcta marcando una X.**
   a. El autor enfatiza que el plagio afecta a autores y aprendices. Por lo tanto, debe ser sancionado severamente.

b. El autor enfatiza que el plagio afecta a autores y aprendices. Por lo tanto, la tarea sobre el plagio es más prevenirlo en lugar de sancionarlo.

c. El autor enfatiza que el plagio afecta a autores, pero no a los aprendices. Por lo tanto, la tarea sobre el plagio es más prevenirlo en lugar de sancionarlo.

6. **Lea detenidamente el texto y seleccione la respuesta correcta marcando una X.**

a. El plagio debe prevenirse mediante la enseñanza. Los educadores e instructores deben enseñar a indicar las ideas de los demás académicamente correctas cuando escriben

b. El plagio debe prevenirse mediante detectores de mentira. Los educadores e instructores deben enseñar a indicar las ideas de los demás académicamente correctas cuando escriben.

c. El plagio no puede prevenirse mediante la enseñanza. Los educadores e instructores deben enseñar a indicar las ideas de los demás académicamente correctas cuando escriben

7. **Lea detenidamente el texto y seleccione la respuesta correcta marcando una X.**

a. Las obras escritas en formato digital y registradas están protegidas por las leyes internacionales de derechos de autor y las personas que las violen pueden ser sancionadas

b. Las obras escritas y registradas están protegidas por las leyes internacionales de derechos de autor y las personas que las violen pueden ser sancionadas.

c. Las obras escritas no siempre están registradas o protegidas por las leyes internacionales de derechos de autor y las personas que las violen pueden ser sancionadas.

8. **Lea detenidamente el texto y seleccione la respuesta correcta marcando una X.**

   a. Estudiante que por lo general se engaña a sí mismo y está afectando su confianza en sí mismo. Entonces, el plagio afecta dramáticamente a los autores y estudiantes, pero aun así es una ventaja usar las ideas de otro.

   b. Estudiante y su maestro que lo permite por lo general se engaña a sí mismo y está afectando su confianza en sí mismo. Entonces, el plagio afecta dramáticamente a los autores y estudiantes.

   c. Estudiante que por lo general se engaña a sí mismo y está afectando su confianza en sí mismo. Entonces, el plagio afecta dramáticamente a los autores y estudiantes.

9. **Lea detenidamente el texto y seleccione la respuesta correcta marcando una X.**

   a. Los maestros y los alumnos **trabajan** juntos para explicar y expresar las ideas verbales o escritas de los demás. El verbo "trabajan" es un verbo regular.

   b. Los maestros y los alumnos **trabajan** juntos para explicar y expresar las ideas verbales o escritas de los demás. El verbo "trabajan" es un verbo irregular.

   c. Los maestros y los alumnos **trabajan** juntos para explicar y expresar las ideas verbales o escritas de los demás.

10. **Lea detenidamente el texto y seleccione la respuesta correcta marcando una X.**

    a. Es importante **enseñar** cómo el plagio afecta a los autores y a los alumnos. La forma correcta del verbo enseñar en presente de indicativo es: enseñaba, enseñabas, enseñaba, enseñábamos, ensebáis, enseñaban.

b. Es importante **enseñar** cómo el plagio afecta a los autores y a los alumnos. La forma correcta del verbo enseñar en presente de indicativo es: enseño, enseñas, enseña, enseñamos, ensenáis, enseñan.

c. Es importante **enseñar** cómo el plagio afecta a los autores y a los alumnos. La forma correcta del verbo enseñar en presente de indicativo es: enseñé, enseñaste, enseñó, enseñábamos, enseñabais, enseñaban.

El servicio comunitario como requisito para egresar de la Escuela Secundaria. Beneficios y desafíos.

Por Julio Cesar González

En varios estados de EE. UU., los estudiantes de secundaria requieren completar horas de servicio comunitario para graduarse. Esto les permite obtener valiosos beneficios. Durante esta práctica, los estudiantes aprenden sobre disciplina laboral, experiencia cívica y vocacional. Además, desafíos como; habilidades organizativas, gastar sabiamente el tiempo y la gestión del dinero son algunos de ellos. Por lo tanto, completar horas de servicio comunitario brinda a los estudiantes beneficios para toda la vida, aunque presenta desafíos, convirtiéndose en valiosos conocimientos y habilidades.

Primero, las horas de servicios comunitarios brindan a los estudiantes beneficios de por vida. Por ejemplo, cuando los estudiantes se conectan con la comunidad local en el entorno laboral, tienen la oportunidad de comprender y desarrollar habilidades de disciplina laboral. Habilidades como la puntualidad, el trabajo en equipo y el respeto son algunas de ellas. Además, los estudiantes viven la experiencia de participar en el civismo, esta oportunidad les permite desarrollar competencias ciudadanas. Además, a través de sus horas de servicio comunitario, los educandos obtienen experiencia vocacional que les ayuda a identificarse con una profesión. Por lo tanto, las horas de servicio comunitario brindan a los estudiantes herramientas para su vida personal y profesional.

En segundo lugar, durante las horas de servicio comunitario, los estudiantes deben enfrentar fuertes desafíos. Por ejemplo, aprenden mejor cómo diseñar la agenda personal. Además, pueden decidir usar su dinero en transporte, comprar alimentos cuando quieran comer refrigerios, etc. Además, los estudiantes deben cumplir con el horario escolar sin excusas. Entonces, estos desafíos se convertirán en conocimientos y habilidades que les ayudarán a planificar y decidir qué es lo mejor para ellos.

En resumen, los beneficios y desafíos de la práctica de horas de servicio comunitario aumentan una gran experiencia. Beneficios tales como; el desarrollo de habilidades cívicas, la disciplina laboral y la experiencia profesional se convierten en un logro de larga vida.

Además, programar su agenda de vida, administrar el tiempo y gastar el dinero de manera inteligente ayudará a los estudiantes a mejorar su vida presente y futura. Por lo tanto, existen beneficios y desafíos en la práctica de las horas de servicio comunitario; todos los resultados de completar este requisito tomado antes de que los estudiantes terminen la escuela secundaria, los ayudarán a enfrentar mucho mejor sus desafíos futuros.

1. **Lea detenidamente el texto y seleccione la respuesta correcta marcando una X.**
   a. Según el texto, en varios estados de EE. UU., los estudiantes de secundaria requieren completar horas de servicio comunitario para graduarse.
   b. Según el texto, en varios estados de EE. UU., los estudiantes de secundaria requieren completar 100 horas de servicio comunitario para graduarse.
   c. Según el texto, en varios estados de EE. UU., los estudiantes de secundaria requieren completar 200 horas de servicio comunitario para graduarse.

2. **Lea detenidamente el texto y seleccione la respuesta correcta marcando una X.**

   a. Las ventajas del servicio comunitario para los estudiantes son entre otras, durante esta práctica, los estudiantes aprenden sobre disciplina laboral, experiencia cívica y vocacional y ganan dinero suficiente.

   b. Las ventajas del servicio comunitario para los estudiantes son entre otras, durante esta práctica, los estudiantes aprenden sobre disciplina laboral, experiencia cívica y vocacional.

   c. Las ventajas del servicio comunitario para los estudiantes son entre otras, durante esta práctica, los estudiantes aprenden sobre disciplina laboral, prevención del robo, experiencia cívica y vocacional.

3. **Lea detenidamente el texto y seleccione la respuesta correcta marcando una X.**

   a. Los desafíos del servicio comunitario para los estudiantes son: Hacer las meriendas y almuerzo en horarios específicos, crear y desarrollar habilidades organizativas, gastar sabiamente el tiempo y la gestión del dinero son algunos de ellos.

   b. Los desafíos del servicio comunitario para los estudiantes son: levantarse muy temprano, crear y desarrollar habilidades organizativas, gastar sabiamente el tiempo y la gestión del dinero son algunos de ellos.

   c. Los desafíos del servicio comunitario para los estudiantes son: crear y desarrollar habilidades organizativas, gastar sabiamente el tiempo y la gestión del dinero son algunos de ellos.

4. **Lea detenidamente el texto y seleccione la respuesta correcta marcando una X.**

   a. El servicio comunitario para los estudiantes de secundaria es bueno porque cuando los estudiantes se conectan con la comunidad local en el entorno laboral, tienen la oportunidad de comprender y desarrollar habilidades de prevenir la indisciplina laboral. Habilidades como la puntualidad, el trabajo en equipo y el respeto son algunas de ellas.

   b. El servicio comunitario para los estudiantes de secundaria es bueno porque cuando los estudiantes se conectan con la comunidad local en el entorno laboral, tienen la oportunidad de comprender y desarrollar habilidades de disciplina laboral. Habilidades como la puntualidad, el trabajo en equipo y el respeto son algunas de ellas.

   c. El servicio comunitario para los estudiantes de secundaria es bueno porque cuando los estudiantes se conectan con la comunidad local en el entorno laboral, tienen la oportunidad de comprender y desarrollar habilidades de disciplina laboral. Habilidades como que la impuntualidad no es permitida, el trabajo en grupo y el respeto son algunas de ellas.

5. **Lea detenidamente el texto y seleccione la respuesta correcta marcando una X.**

   a. Durante el servicio comunitario los educandos obtienen experiencia vocacional que les ayuda a identificarse con una profesión.

   b. Durante el servicio comunitario los educandos obtienen experiencia vocacional que les ayuda a identificarse con la preparación para el servicio militar.

    c. Durante el servicio comunitario los educandos obtienen experiencia sobre las leyes del tránsito y como conducir el coche de forma segura.

6. **Lea detenidamente el texto y seleccione la respuesta correcta marcando una X.**

    a. El texto asegura que los estudiantes aprenden mucho más que en la escuela.

    b. El texto asegura que programar su agenda de vida, administrar el día de trabajo y gastar poco el dinero y de manera inteligente ayudará a los estudiantes a mejorar su vida presente y futura.

    c. El texto asegura que programar su agenda de vida, administrar el tiempo y gastar el dinero de manera inteligente ayudará a los estudiantes a mejorar su vida presente y futura.

7. **Lea detenidamente el texto y seleccione la respuesta correcta marcando una X.**

    a. Cumplir con el horario escolar sin excusas significa que pueden faltar a la escuela bajo un certificado médico.

    b. Cumplir con el horario escolar sin excusas significa que no pueden faltar a la escuela bajo ningún pretexto.

    c. Cumplir con el horario escolar sin excusas significa que no pueden faltar a las horas de matemática, inglés y ciencia en la escuela bajo ningún pretexto.

8. **Lea detenidamente el texto y seleccione la respuesta correcta marcando una X.**

    a. En la frase, "gastar el dinero de manera **inteligente**" la palabra en negrita es un sustantivo.

    b. En la frase, "gastar el dinero de manera **inteligente**" la palabra en negrita es un adjetivo.

c. En la frase, "gastar el dinero de manera **inteligente**" la palabra en negrita es un adverbio.

9. **Lea detenidamente el texto y seleccione la respuesta correcta marcando una X.**

a. En la frase "los estudiantes **aprenden** sobre disciplina laboral, experiencia cívica y vocacional" el verbo aprender esta en tercera persona del presente de indicativo.

b. En la frase "los estudiantes **aprenden** sobre disciplina laboral, experiencia cívica y vocacional" el verbo aprender esta en tercera persona del presente de subjuntivo.

c. En la frase "los estudiantes **aprenden** sobre disciplina laboral, experiencia cívica y vocacional" el verbo aprender esta en infinitivo.

10. **Lea detenidamente el texto y seleccione la respuesta correcta marcando una X.**

a. Las palabras "desafíos futuros" es un sustantivo y una conjuncion.

b. Las palabras "desafíos futuros" es un sustantivo y un adverbio.

c. Las palabras "desafíos futuros" es un sustantivo y un adjetivo.

Ventaja y desventaja de exigir un idioma extranjero para graduarse

Por Julio Cesar González

Actualmente, de acuerdo con el nuevo orden que la comunicación en línea está imponiendo a la sociedad, el núcleo común para graduarse de la escuela secundaria debe estar repasándose en Estados Unidos. En nuestro país, hablar un idioma adicional al inglés ayuda a la calidad de vida de los residentes y ciudadanos. Pero para aprender un idioma extranjero, los estudiantes de secundaria deben enfrentar ventajas y desventajas al mismo tiempo. Algunas de las ventajas son comunicarse de manera efectiva con inmigrantes, leer o escuchar información en otro idioma y estar más preparados para el trabajo. Por otro lado, desventajas como gastar tiempo, dinero y encontrar trabajo son desafíos importantes para los estudiantes de secundaria. Por lo tanto, la comunicación en las comunidades multiculturales que están viviendo en nuestro país, los estudiantes de secundaria deben estar obligados a aprender una lengua extranjera para poder graduarse.

Primero, aprender un idioma de manera eficiente para comunicarse es una gran ventaja hoy en día. Por ejemplo, el individuo que habla dos o más idiomas tiene más posibilidades y más oportunidades. Puede procesar y producir información y nuevos conocimientos en dos idiomas. Además, la persona bilingüe o más puede comunicarse con los clientes de una empresa, los alumnos de una escuela o los trabajadores de una obra. Por lo tanto, al exigir el dominio de otro idioma para graduarse, la escuela secundaria entregará a la sociedad personas más preparadas.

En segundo lugar, las desventajas de aprender un nuevo idioma extranjero, entre otras, son gastar tiempo y dinero valioso. No todas las personas pueden aprender un idioma extranjero en unos pocos meses. Aprender un idioma de manera eficiente para comunicarse es un gran desafío para un estudiante de secundaria. Por ejemplo, deben comenzar en el noveno grado y continuar hasta el duodécimo grado aprendiendo un nuevo idioma. Deben pasar mucho tiempo practicando la lectura y la escritura en ese idioma. Además, practicar la pronunciación y conversación en este nuevo idioma requiere un gran esfuerzo mental y físico. Además, los estudiantes deben comprar materiales adicionales y mantener conexión a Internet en sus hogares. Así, estudiar otro idioma para graduarse de bachillerato es un desafío que trae desventajas.

Finalmente, varias personas coinciden en que en Estados Unidos se debe revisar el tronco común para graduarse de bachillerato. Si bien los estudiantes de secundaria deben enfrentar serias dificultades de tiempo y dinero para estudiar otro idioma, las ventajas de dominar más de un idioma hacen que los egresados estén más preparados intelectual y culturalmente en estos tiempos en que la comunicación es global y diversa. Por lo tanto, exigir un idioma adicional para graduarse de la escuela secundaria es muy importante y debe mantenerse para llevar a los ciudadanos más preparados a las universidades y al mercado laboral.

1. **Lea detenidamente el texto y seleccione la respuesta correcta marcando una X.**
    a. El texto señala que algunas de las ventajas de estudiar un idioma extranjero, son comunicarse de manera efectiva con inmigrantes, leer o escuchar información en otro idioma y estar más preparados para el trabajo.
    b. El texto señala que algunas de las desventajas de estudiar un idioma extranjero, son comunicarse de manera inefectiva con inmigrantes, leer o escuchar información en otro idioma y estar más preparados para el trabajo.

c. El texto señala que algunas de las ventajas de estudiar un idioma extranjero, son comunicarse solo de manera efectiva con algunos inmigrantes, leer o escuchar información en otro idioma y estar más preparados para el trabajo.

2. **Lea detenidamente el texto y seleccione la respuesta correcta marcando una X.**

   a. Según el texto, el individuo que habla dos o más idiomas tiene más posibilidades y más oportunidades. Puede procesar y producir información y nuevos conocimientos en dos idiomas. Además, la persona bilingüe o más puede comunicarse con los clientes de una empresa cuando es solicitado por el manager.

   b. Según el texto, el individuo que habla dos o más idiomas gana más dinero y tiene más posibilidades y más oportunidades. Puede procesar y producir información y nuevos conocimientos en dos idiomas. Además, la persona bilingüe o más puede comunicarse con los clientes de una empresa.

   c. Según el texto, el individuo que habla dos o más idiomas tiene más posibilidades y más oportunidades. Puede procesar y producir información y nuevos conocimientos en dos idiomas. Además, la persona bilingüe o más puede comunicarse con los clientes de una empresa.

3. **Lea detenidamente el texto y seleccione la respuesta correcta marcando una X.**

   a. El problema de la comunicación en otros idiomas es porque la comunicación en las comunidades multiculturales como los hispanos y los haitianos que están viviendo en nuestro país son muchas.

b. El problema de la comunicación en otros idiomas es porque la comunicación en las comunidades multiculturales que están viviendo en nuestro país son muchas.

c. El problema de la comunicación en otros idiomas es porque la comunicación en las comunidades multiculturales que están viviendo en nuestro país son muchas y todas estas cuentan con servicios de traducción muy caros.

4. **Lea detenidamente el texto y seleccione la respuesta correcta marcando una X.**

a. Dominar más de un idioma hacen que los egresados estén más preparados intelectual y culturalmente en estos tiempos en que la comunicación es global y diversa.

b. Dominar tres o más de un idioma hacen que los egresados estén más preparados intelectual y culturalmente en estos tiempos en que la comunicación es global y diversa.

c. dominar más de un idioma hacen que los egresados estén más preparados intelectual y culturalmente en estos tiempos en que la comunicación es global y diversa

5. **Lea detenidamente el texto y seleccione la respuesta correcta marcando una X.**

a. Según el texto, el estudio de un idioma adicional ayuda a los egresados de las escuelas secundarias con el mercado laboral.

b. Según el texto, el estudio de un idioma adicional ayuda a los egresados de las universidades con el mercado laboral.

c. Según el texto, el estudio de un idioma adicional ayuda a los egresados de las universidades con el mercado financiero.

6. **Lea detenidamente el texto y seleccione la respuesta correcta marcando una X.**

   a. Cuando se estudia un idioma extranjero por las horas de la mañana, practicar la pronunciación y conversación en este nuevo idioma requiere un gran esfuerzo mental y físico.

   b. Cuando se estudia un idioma extranjero practicar la pronunciación y conversación en este nuevo idioma requiere un gran gasto de dinero.

   c. Cuando se estudia un idioma extranjero practicar la pronunciación y conversación en este nuevo idioma requiere un gran esfuerzo mental y físico.

7. **Lea detenidamente el texto y seleccione la respuesta correcta marcando una X.**

   a. Según el texto, algunas desventajas de estudiar un idioma extranjero es que los estudiantes deben comprar materiales adicionales y mantener conexión a Internet en sus escuelas.

   b. Según el texto, algunas desventajas de estudiar un idioma extranjero es que los estudiantes deben comprar materiales adicionales y mantener conexión a Internet en sus hogares.

   c. Según el texto, algunas desventajas de estudiar un idioma extranjero es que los estudiantes deben comprar materiales adicionales muy caros y mantener conexión a Internet en sus oficinas.

8. **Lea detenidamente el texto y seleccione la respuesta correcta marcando una X.**

   a. El sustantivo o nombre en negritas "es un gran desafío para un **estudiante** de secundaria" terminado en (nte) tiene masculino y femenino. El estudiante, la estudiante.

b. El sustantivo o nombre en negritas "es un gran desafío para un **estudiante** de secundaria" terminado en (nte) es neutro.

c. El sustantivo o nombre en negritas "es un gran desafío para un **estudiante** de secundaria" terminado en (nte) tiene masculino y femenino, pero no tiene plural.

9. **Lea detenidamente el texto y seleccione la respuesta correcta marcando una X.**

a. En la frase, "estén más preparados intelectual y culturalmente" significa que tienen acceso a altos cargos administrativos de la ONU.

b. En la frase, "estén más preparados intelectual y culturalmente" significa que tienen que ganar más salario que otros.

c. En la frase, "estén más preparados intelectual y culturalmente" significa que tienen una buena educación e instrucción.

10. **Lea detenidamente el texto y seleccione la respuesta correcta marcando una X.**

a. La palabra en negritas, "**Además**, los estudiantes deben comprar materiales adicionales y mantener conexión a Internet en sus hogares" es un pronombre indefinido.

b. La palabra en negritas, "**Además**, los estudiantes deben comprar materiales adicionales y mantener conexión a Internet en sus hogares" es una conjunción.

c. La palabra en negritas, "**Además**, los estudiantes deben comprar materiales adicionales y mantener conexión a Internet en sus hogares" es una preposición.

Mentores: excelente para nuevos maestros, pero difícil de pagar. Dos Soluciones para hacer accesible la tutoría.

Por Julio Cesar González Valdes

Los distritos y las escuelas enfrentan dificultades para ayudar a los nuevos maestros. Los mentores o instructores experimentados son la forma más segura de ayudar a los maestros sin experiencia en la enseñanza. La solución es más visible a nivel de escuela que a nivel de distrito. Trabajando en colaboración, el distrito y las escuelas pueden adoptar dos o más soluciones. Una solución es utilizar maestros experimentados como compañeros para los nuevos maestros. Otra solución pueden ser talleres frecuentes donde se discutan temas comunes para ambos. Entonces, la tutoría de nuevos maestros es accesible en todas las escuelas.

Primero, el director de la escuela puede considerar alinear la clase del horario escolar entre un maestro experimentado con un practicante principiante con el propósito de ayudarse mutuamente. Además, los profesores principiantes pueden visitar la clase de otros profesores experimentados. Además, los profesores experimentados pueden visitar la clase de nuevos profesores para intercambiar experiencias y promover la colaboración. Por ejemplo, cada vez que un maestro experimentado visite la clase del nuevo maestro, debe ver el plan de esta clase antes de que el nuevo maestro entregue el contenido a los estudiantes. A través de esta colaboración de planificación, el maestro experimentado puede explicar cómo diseñar mejor la instrucción. Cómo acomodar el salón de clases para estudiantes de diversidad incluidos estudiantes de educación especial. Conjuntamente, evite actividades de trabajo en clase que permitan distracciones o interrupciones.

Además, el maestro mentor puede ayudar a organizar los muebles del aula para facilitar los paseos del maestro y de los estudiantes. Por lo tanto, la tutoría de maestros por parte de maestros experimentados es una gran solución.

En segundo lugar, los talleres pueden actuar como actividad de tutoría para todos. Por ejemplo, discutir temas escolares en relación con la disciplina en el salón de clases, en el pasillo y en la cafetería ayuda para mejorar la experiencia de todos los maestros. Por ejemplo, un nuevo maestro puede aportar a la discusión importantes observaciones e iniciativas. Los profesores experimentados pueden enriquecer el foro con su sólida experiencia acumulada durante años de enseñanza. Además, los profesores experimentados pueden traer temas generales a la discusión para encontrar soluciones durante el foro. Además, el director puede crear diferentes grupos de trabajo en relación con la metodología de enseñanza, disciplina o temas tecnológicos frecuentes durante el proceso de instrucción. Por lo tanto, la escuela puede convertirse en un laboratorio educativo donde las soluciones son el foco.

Finalmente, mientras que los distritos y las escuelas enfrentan dificultades para ayudar a los nuevos maestros. Los mentores o instructores experimentados a nivel de escuela son la forma más segura de ayudar a los maestros sin experiencia en la enseñanza. Los maestros experimentados que trabajan como compañeros de los nuevos maestros y los talleres frecuentes son dos soluciones efectivas para la tutoría. Trabajando en colaboración, pueden encontrar solución a problemas comunes de la escuela. Por lo tanto, la tutoría de nuevos maestros es accesible en todas las escuelas.

1. **Lea detenidamente el texto y seleccione la respuesta correcta marcando una X.**

   a. Según el texto, en Brasil los mentores o instructores experimentados son la forma más segura de ayudar a los maestros sin experiencia en la enseñanza.

   b. Según el texto, en los Estados Unidos de América los mentores o instructores experimentados son la forma más cara de ayudar a los maestros sin experiencia en la enseñanza.

   c. Según el texto, en los Estados Unidos de América los mentores o instructores experimentados son la forma más segura de ayudar a los maestros sin experiencia en la enseñanza.

2. **Lea detenidamente el texto y seleccione la respuesta correcta marcando una X.**

   a. Según el texto, Los distritos y las escuelas enfrentan dificultades para ayudar a los nuevos maestros. Estos pueden optar por mentores experimentados dentro de la escuela o a través de vender cursos online.

   b. Según el texto, Los distritos y las escuelas enfrentan dificultades para ayudar a los nuevos maestros. Estos pueden optar por mentores experimentados dentro de la escuela o a través de talleres frecuentes para los maestros nuevos.

   c. Según el texto, Los distritos y las escuelas enfrentan dificultades para ayudar a los nuevos maestros. Estos pueden optar por tutorías online, presencial o dentro de la escuela o a través de talleres frecuentes para los maestros nuevos.

3. **Lea detenidamente el texto y seleccione la respuesta correcta marcando una X.**

   a. El texto define claramente que es un maestro sin experiencia en la enseñanza

   b. El texto no define claramente que es un maestro sin experiencia en la enseñanza.

   c. El texto define claramente que es un maestro sin experiencia en la enseñanza como un maestro con menos de tres años de servicios.

4. **Lea detenidamente el texto y seleccione la respuesta correcta marcando una X.**

   a. Queda claro que cada vez que un maestro experimentado visite la clase del nuevo maestro, debe ver el plan de esta clase antes de que el nuevo maestro entregue el contenido a los estudiantes.

   b. Queda poco claro que, si cada vez que un maestro experimentado visite la clase del nuevo maestro, debe ver el plan de esta clase antes de que el nuevo maestro entregue el contenido a los estudiantes.

   c. Queda claro que cada vez que un maestro experimentado visite la clase del nuevo maestro, debe ver el plan de esta clase antes de que el nuevo maestro entregue el contenido a los estudiantes y saber cuántos estudiantes hay en el aula de clase.

5. **Lea detenidamente el texto y seleccione la respuesta correcta marcando una X.**

   a. Un maestro experimentado no debe acomodar el salón de clases para estudiantes de diversidad incluidos estudiantes de educación especial. Conjuntamente, no crea actividades de trabajo en clase que permitan distracciones o interrupciones.

b. Un maestro nuevo sabe cómo acomodar el salón de clases para estudiantes de diversidad incluidos estudiantes de educación especial. Conjuntamente, no evita actividades de trabajo en clase que permitan distracciones o interrupciones.

c. Un maestro experimentado sabe cómo acomodar el salón de clases para estudiantes de diversidad incluidos estudiantes de educación especial. Conjuntamente, evita actividades de trabajo en clase que permitan distracciones o interrupciones.

6. Lea detenidamente el texto y seleccione la respuesta correcta marcando una X.

a. Según el texto, los talleres pueden actuar como actividad de tutoría para todos. Por ejemplo, discutir temas escolares en relación con la disciplina en el salón de clases, en el pasillo y en la cafetería ayuda para mejorar la experiencia de todos los maestros.

b. Según el texto, los talleres pueden actuar como actividad de tutoría para los nuevos maestros. Por ejemplo, no discutir temas escolares en relación con la disciplina en el salón de clases, o en el pasillo o en la cafetería ayuda para mejorar la experiencia de todos los maestros.

c. Según el texto, los talleres online o en el auditorio de la escuela pueden actuar como actividad de tutoría para todos. Por ejemplo, discutir temas escolares en relación con la disciplina en el salón de clases, en el pasillo y en la cafetería ayuda para mejorar la experiencia de todos los maestros.

7. **Lea detenidamente el texto y seleccione la respuesta correcta marcando una X.**

   a. Para este autor, la escuela puede convertirse en un laboratorio educativo donde las soluciones son el foco donde y se ponen en práctica las teorías de aprendizaje.

   b. Para este autor, la escuela puede convertirse en un laboratorio educativo donde las soluciones son el foco donde y se ponen en práctica las técnicas de laboratorio.

   c. Para este autor, la escuela no puede convertirse en un laboratorio educativo donde las soluciones son el foco donde y se ponen en práctica las teorías de aprendizaje.

8. **Lea detenidamente el texto y seleccione la respuesta correcta marcando una X.**

   a. Trabajando en colaboración, significa que no se pueden encontrar soluciones a problemas comunes de la escuela.

   b. Trabajando en colaboración, significa que se pueden encontrar soluciones a problemas comunes de la escuela.

   c. Trabajando en colaboración, significa que se trabaja en grupo todos los días y se pueden encontrar soluciones a problemas comunes de la escuela.

9. **Lea detenidamente el texto y seleccione la respuesta correcta marcando una X.**

   a. La tutoría de nuevos maestros no es accesible en todos los distritos.

   b. La tutoría de nuevos maestros no es accesible en todas las escuelas.

   c. La tutoría de nuevos maestros es accesible en todas las escuelas.

10. Lea detenidamente el texto y seleccione la respuesta correcta marcando una X.

a. El verbo en esta oración es **enfrentar** "mientras que los distritos y las escuelas enfrentan dificultades para ayudar a los nuevos maestros".

b. El verbo en esta oración es **dificultades** "mientras que los distritos y las escuelas enfrentan dificultades para ayudar a los nuevos maestros".

c. El verbo en esta oración es **nuevos** "mientras que los distritos y las escuelas enfrentan dificultades para ayudar a los nuevos maestros".

Las infecciones resistentes a los medicamentos y las muertes aumentaron en 2020.

Los funcionarios de salud de EE. UU. informaron recientemente que las infecciones resistentes a los medicamentos aumentaron durante el primer año de la pandemia de COVID-19. El informe provino de los Centros para el Control y la Prevención de Enfermedades (CDC) de EE. UU. Dijo que hubo un aumento en las infecciones y muertes hospitalarias en 2020. El Dr. Arjun Srinivasan, un experto de los CDC, lo llamó "un cambio sorprendente" que espera que haya sucedido en un año.

Los funcionarios de los CDC creen que hubo varias razones para el aumento. Uno fue cómo se trató el COVID-19 cuando apareció por primera vez en los Estados Unidos a principios de 2020. La resistencia a los medicamentos antimicrobianos ocurre cuando organismos como las bacterias y los hongos adquieren la capacidad de resistir los medicamentos que fueron diseñados para matarlos. El uso indebido de antibióticos fue una de las principales razones del aumento, dijeron las autoridades. Prescripciones inconclusas o innecesarias que no mataban a los microorganismos, sino que los fortalecían.

Antes de la pandemia, los funcionarios de salud dijeron que las infecciones resistentes a los medicamentos en EE. UU. parecían estar disminuyendo. Las muertes cayeron de un estimado de 44,000 en 2012 a 36,000 en 2017, una disminución del 18 por ciento. El gobierno reconoció a los hospitales por el uso cuidadoso de los antibióticos y por separar a los pacientes que podrían propagar infecciones.

El CDC no tiene datos de 2020 para todas las enfermedades infecciosas. Pero sí tiene información sobre siete tipos de infecciones bacterianas y fúngicas que se encontraron en pacientes de hospitales. Incluyen MRSA y una bacteria llamada CRE, que se conoce como "la bacteria de la pesadilla".

El CDC informó aumentos del 15 por ciento o más en infecciones y muertes por ese grupo de microorganismos.

De marzo a octubre de 2020, casi el 80 por ciento de los pacientes hospitalizados con COVID-19 recibieron un antibiótico, dijeron funcionarios de los CDC. El uso de ciertos tipos de antibióticos aumentó a medida que los médicos usaban muchos tipos de medicamentos para combatir tanto el coronavirus como cualquier coinfección bacteriana.

Para 2021, el uso de antibióticos disminuyó. El Dr. Srinivasan señaló que el uso de catéteres, ventiladores y otros dispositivos médicos también podría disminuir. Esos dispositivos se usan en pacientes muy enfermos y pueden ser un medio para que los microbios resistentes a los medicamentos entren en los cuerpos de los pacientes.

Cualquier aumento en las hospitalizaciones por COVID-19, como el que se observa actualmente en los EE. UU., aumenta ese riesgo, dijo.

1. **Lea detenidamente el texto y seleccione la respuesta correcta marcando una X.**
    a. El texto trata sobre acontecimientos recientes.
    b. El texto trata en general sobre la declaración de los (CDC) de EE. UU. Dijo que hubo un aumento en las infecciones y muertes hospitalarias en 2020.

c. Según los (CDC) de EE. UU. hubo un aumento en las infecciones y muertes hospitalarias en 2022.

2. **Lea detenidamente el texto y seleccione la respuesta correcta marcando una X.**

    a. La culpa del aumento de las infecciones fue cómo se trató el COVID-19 cuando apareció por primera vez en los Estados Unidos a principios de 2020.

    b. La culpa del aumento de las infecciones fue cómo se trató el aumento de los que se salvaron del COVID-19 cuando apareció por primera vez en los Estados Unidos a principios de 2020.

    c. La culpa la disminución de las infecciones fue cómo se trató el COVID-19 cuando apareció por primera vez en los Estados Unidos a principios de 2020.

3. **Lea detenidamente el texto y seleccione la respuesta correcta marcando una X.**

    a. El articulo explica como la resistencia a los medicamentos antimicrobianos ocurre cuando organismos como las bacterias y los hongos no resisten los medicamentos que fueron diseñados para matarlos.

    b. El articulo explica como la falta de medicamentos antimicrobianos produce que los organismos como las bacterias y los hongos adquieren la capacidad de resistir los medicamentos que fueron diseñados para matarlos.

    c. El articulo explica como la resistencia a los medicamentos antimicrobianos ocurre cuando organismos como las bacterias y los hongos adquieren la capacidad de resistir los medicamentos que fueron diseñados para matarlos.

4. **Lea detenidamente el texto y seleccione la respuesta correcta marcando una X.**

   a. Según este articulo hubo dos razones principales para el aumento de los casos de COVID-19 en 2020, el uso indebido de antibióticos fue una de las principales razones del aumento, y prescripciones inconclusas o innecesarias que no mataban a los microorganismos, sino que los fortalecían.

   b. Según este articulo hubo dos razones principales para el aumento de los casos de COVID-19 en 2020, la falta de transporte de las medicinas fue una de las principales razones del aumento, y opiniones inconclusas o innecesarias que no mataban a los microorganismos, sino que los fortalecían.

   c. Según este articulo hubo dos razones principales para el aumento de los casos de COVID-19 en 2020, la falta de transporte para los pacientes a los hospitales y la falta de medicinas.

5. **Lea detenidamente el texto y seleccione la respuesta correcta marcando una X.**

   a. Prescripciones inconclusas o innecesarias, significa hospitalización innecesaria.

   b. Prescripciones inconclusas o innecesarias, significa formula o mandamiento inconcluso o innecesario.

   c. Prescripciones inconclusas o innecesarias, significa falta de oxígeno en el hospital.

6. **Lea detenidamente el texto y seleccione la respuesta correcta marcando una X.**

   a. Una de las principales causas del aumento de las infecciones fue el uso indebido de medicinas para las alergias.

b. Una de las principales causas del aumento de las infecciones fue la falta de higiene en las ciudades, dijeron las autoridades.

c. Según esta información, el uso indebido de antibióticos fue una de las principales razones del aumento, dijeron las autoridades.

7. **Lea detenidamente el texto y seleccione la respuesta correcta marcando una X.**

    a. Las infecciones resistentes a los medicamentos en EE. UU. parecían estar disminuyendo. Las muertes cayeron de un estimado de 54,000 en 2012 a 46,000 en 2017, una disminución del 17 por ciento se aseguró en este documento.

    b. Las infecciones resistentes a los medicamentos en EE. UU. parecían estar disminuyendo. Las muertes subieron de un estimado de 44,000 en 2012 a 46,000 en 2017, y después una disminución del 18 por ciento se aseguró en este documento.

    c. Las infecciones resistentes a los medicamentos en EE. UU. parecían estar disminuyendo. Las muertes cayeron de un estimado de 44,000 en 2012 a 36,000 en 2017, una disminución del 18 por ciento se aseguró en este documento.

8. **Lea detenidamente el texto y seleccione la respuesta correcta marcando una X.**

    a. Las muertes **cayeron**, es sinónimo de "las muertes se **derrumbaron, bajaron**.

    b. Las muertes **cayeron**, es sinónimo de "las muertes **se llevaron a muchas personas**.

    c. Las muertes **cayeron**, es sinónimo de "las muertes se **veían por todos lados**.

9. **Lea detenidamente el texto y seleccione la respuesta correcta marcando una X.**

   a. Que el uso de catéteres, ventiladores y otros dispositivos médicos también podría disminuir. Esos dispositivos se usan en pacientes muy enfermos y pueden ser un medio para que los microbios resistentes a los medicamentos entren en los cuerpos de los pacientes. Lo que significa muy perjudicial.

   b. Que el uso de catéteres, ventiladores y otros dispositivos médicos también podría disminuir. Esos dispositivos se usan en pacientes muy enfermos y pueden ser un medio para que los microbios resistentes a los medicamentos entren en los cuerpos de los pacientes. Lo que significa que no empeora la enfermedad.

   c. Que el uso de catéteres, ventiladores y otros dispositivos médicos también podría disminuir. Esos dispositivos se usan en pacientes muy enfermos y pueden ser un medio para que los microbios resistentes a los medicamentos entren en los cuerpos de los pacientes. Lo que significa muy poco perjudicial.

10. **Lea detenidamente el texto y seleccione la respuesta correcta marcando una X.**

   a. Cualquier aumento en las hospitalizaciones por COVID-19, como el que se observa actualmente en los EE. UU., aumenta el riesgo de contraer la enfermedad para los ciudadanos, dijo.

   b. Cualquier aumento en las hospitalizaciones por COVID-19, como el que se observa actualmente en los EE. UU., aumenta ese riesgo, dijo.

   c. Cualquier aumento en las hospitalizaciones por COVID-19, como el que se observa actualmente en los EE. UU., aumenta ese riesgo, escribió.

Estudio: la respuesta inmune causada por COVID puede dañar el cerebro

Un pequeño estudio de los Institutos Nacionales de Salud de EE. UU. dice que la respuesta inmunitaria causada por la infección por COVID-19 puede dañar los vasos sanguíneos del cerebro. La reacción podría conducir a problemas neurológicos conocidos como COVID prolongado.

En el estudio, los investigadores examinaron los cambios cerebrales en nueve personas que murieron repentinamente después de infectarse con el SARS-CoV-2, el virus que causa la COVID-19. Los resultados aparecieron la semana pasada en la publicación Brain.

Daño a los vasos sanguíneos del cerebro

Los investigadores descubrieron que los anticuerpos (proteínas producidas por el sistema inmunológico para combatir los virus) están involucrados en un ataque a las células que recubren los vasos sanguíneos del cerebro. Esto causa inflamación y daño. Los resultados fueron similares a un estudio anterior realizado en 2020.

En ambos estudios, no se encontró SARS-CoV-2 en los cerebros de los pacientes. Esto sugiere que el virus no estaba atacando el cerebro directamente. El científico del NIH Avindra Nath es el investigador principal del estudio. Dijo: "Anteriormente habíamos mostrado daño e inflamación de los vasos sanguíneos en los cerebros de los pacientes en la autopsia, pero no entendíamos la causa del daño". Una autopsia es el examen de un cadáver para averiguar la causa de la muerte.

Para el estudio, el Dr. Nath y un equipo de investigadores examinaron el tejido cerebral de nueve personas de entre 24 y 73 años de edad. Las personas fueron elegidas porque sus escaneos mostraron signos de daño en los vasos sanguíneos del cerebro. Luego, los escaneos se compararon con los de 10 personas en un grupo de control.

Los investigadores descubrieron que los anticuerpos producidos para combatir el COVID-19 pueden atacar por error las células que recubren los vasos sanguíneos del cerebro. Estas células, llamadas células endoteliales, sirven como barreras para evitar que las sustancias dañinas lleguen al cerebro. El daño a las células provoca sangrado y bloqueo en algunos pacientes con COVID-19 y aumenta el riesgo de accidente cerebrovascular.

Al igual que en su estudio anterior, los investigadores encontraron signos de vasos sanguíneos con fugas. Esto sugiere que los enlaces entre las células endoteliales en la barrera hematoencefálica estaban dañados.

El Dr. Nath dijo que una vez que ocurrieron las fugas, las células inmunitarias "pueden venir a reparar el daño, provocando inflamación" en el cerebro.

Síntomas neurológicos a largo plazo

Los investigadores también encontraron cambios en la expresión génica en áreas con daño en las células endoteliales. Más de 300 genes mostraron una expresión disminuida, mientras que seis genes mostraron una expresión aumentada. Los genes afectados están conectados con la capacidad del cerebro para lidiar con los desequilibrios químicos en el cuerpo.

Juntos, estos hallazgos pueden proporcionar información sobre la causa de los problemas neurológicos relacionados con COVID-19. Los hallazgos también pueden usarse para encontrar nuevos tratamientos para atacar los enlaces dañados entre las células endoteliales en la barrera hematoencefálica.

El estudio también puede ayudar a comprender y tratar afecciones neurológicas a largo plazo después de COVID-19. Las condiciones incluyen dolor de cabeza, cansancio, pérdida del gusto y el olfato, problemas para dormir y olvidos conocidos como "niebla cerebral".

Si los nueve pacientes del estudio hubieran sobrevivido, los investigadores creen que probablemente habrían desarrollado una COVID prolongada. "Es muy posible que esta misma respuesta inmunitaria persista en pacientes con COVID de larga duración", dijo el Dr. Nath. Los hallazgos, agregó, son "muy importantes" para los investigadores que buscan tratamientos para la COVID prolongada.

1. **Lea detenidamente el texto y seleccione la respuesta correcta marcando una X.**
    a. Todo este artículo de VOA NEWS trata sobre la infección por COVID-19 puede dañar los vasos sanguíneos del cerebro.
    b. Todo este artículo de VOA NEWS trata sobre la infección por COVID-19 en los hospitales.
    c. Todo este artículo de VOA NEWS trata sobre la infección por COVID-19 puede dañar los vasos sanguíneos del estómago y los riñones.
2. **Lea detenidamente el texto y seleccione la respuesta correcta marcando una X.**
    a. Los problemas neurológicos conocidos como COVID persistente.
    b. Los problemas neurológicos conocidos como COVID sanguineo.
    c. Los problemas neurológicos son conocidos como COVID prolongado.

3. **Lea detenidamente el texto y seleccione la respuesta correcta marcando una X.**

   a. Los resultados fueron desbastadores en comparación a un estudio anterior realizado en 2020

   b. Los investigadores descubrieron que los anticuerpos (proteínas producidas por el sistema inmunológico para combatir los virus) están involucrados en un ataque a las células que recubren los vasos sanguíneos del cerebro. Esto causa inflamación y daño. Los resultados fueron similares a un estudio anterior realizado en 2020

   c. Los resultados fueron desiguales a un estudio anterior realizado en 2020

4. **Lea detenidamente el texto y seleccione la respuesta correcta marcando una X.**

   a. En un estudio conclusivo, los investigadores descubrieron que los anticuerpos producidos para combatir el COVID-19 pueden atacar por error las células que recubren los vasos sanguíneos del cerebro.

   b. Los investigadores descubrieron que los anticuerpos producidos para combatir el COVID-19 pueden atacar por error las células que recubren los vasos sanguíneos del cerebro.

   c. En un estudio practicado en personas vivas mayores de 70 años, los investigadores descubrieron que los anticuerpos producidos para combatir el COVID-19 pueden atacar por error las células que recubren los vasos sanguíneos del cerebro.

5. **Lea detenidamente el texto y seleccione la respuesta correcta marcando una X.**

   a. El articulo explica que los investigadores también encontraron cambios en la expresión génica en áreas con daño en las células endoteliales. Más de 300 genes mostraron una expresión disminuida, mientras que seis genes mostraron una expresión aumentada. Los genes afectados están conectados con la capacidad del cerebro para lidiar con los desequilibrios químicos en el cuerpo.

b. El articulo explica que los investigadores también encontraron cambios en la expresión génica en áreas con daño en las células endoteliales. Más de 500 genes mostraron una expresión disminuida, mientras que seis genes mostraron una expresión aumentada. Los genes afectados están conectados con la capacidad del cerebro para lidiar con los desequilibrios químicos en el cerebro.

c. El articulo explica que los profesores de la Universidad de Harvard también encontraron cambios en la expresión génica en áreas con daño en las células endoteliales. Más de 300 genes mostraron una expresión disminuida, mientras que seis genes mostraron una expresión aumentada. Los genes afectados están conectados con la capacidad del cerebro para lidiar con los desequilibrios químicos en el cuerpo.

6. **Lea detenidamente el texto y seleccione la respuesta correcta marcando una X.**

   a. Para los investigadores estos hallazgos pueden proporcionar información sobre la causa de los problemas neurológicos relacionados con poliomielitis encefálica. Los hallazgos también pueden usarse para encontrar nuevos tratamientos para atacar los enlaces dañados entre las células endoteliales en la barrera hematoencefálica.

   b. Para los investigadores estos hallazgos pueden evaluar la información sobre la causa de los problemas neurológicos relacionados con COVID-19. Los hallazgos también pueden usarse para encontrar nuevos tratamientos para atacar los enlaces dañados entre las células endoteliales en la barrera hematoencefálica.

c. Para los investigadores estos hallazgos pueden proporcionar información sobre la causa de los problemas neurológicos relacionados con COVID-19. Los hallazgos también pueden usarse para encontrar nuevos tratamientos para atacar los enlaces dañados entre las células endoteliales en la barrera hematoencefálica.

7. **Lea detenidamente el texto y seleccione la respuesta correcta marcando una X.**

   a. Según el texto, si los diez pacientes del estudio hubieran sobrevivido, los investigadores creen que probablemente habrían desarrollado una COVID prolongada.

   b. Según el texto, si los nueve pacientes del estudio hubieran sobrevivido, los investigadores creen que probablemente habrían desarrollado una COVID número 20.

   c. Según el texto, si los nueve pacientes del estudio hubieran sobrevivido, los investigadores creen que probablemente habrían desarrollado una COVID prolongada.

8. **Lea detenidamente el texto y seleccione la respuesta correcta marcando una X.**

   a. La forma correcta del verbo creer usada en el texto es, los investigadores creyeron.

   b. La forma correcta del verbo creer usada en el texto es, los investigadores creen.

   c. La forma correcta del verbo creer usada en el texto es, los investigadores creeran.

9. **Lea detenidamente el texto y seleccione la respuesta correcta marcando una X.**

   a. "a largo plazo" significa que no es inmediato.

   b. "a largo plazo" significa que es advenedizo.

   c. "a largo plazo" significa que no es por cuenta propia.

10. **Lea detenidamente el texto y seleccione la respuesta correcta marcando una X.**

   a. "Las condiciones incluyen dolor de cabeza" significa que existen otras condiciones.

   b. "Las condiciones incluyen dolor de cabeza" significa que existen otras variantes.

   c. "Las condiciones incluyen dolor de cabeza" significa que no existen otras condiciones, solo esa.

Indígenas pedirán al Papa que devuelva obras de arte durante visita a Canadá.

El líder de la Iglesia Católica Romana en todo el mundo viajará a Canadá para disculparse por la forma en que los trabajadores religiosos católicos, o misioneros, trataron a los indígenas en el pasado.

El trabajo de un misionero católico es difundir las creencias religiosas católicas. El objetivo es lograr que la gente se haga católica. En su trabajo, los misioneros establecieron escuelas religiosas en Canadá que operaron durante más de 100 años y finalizaron en la década de 1970. Los misioneros separaron a los niños indígenas de sus familias y los obligaron a asistir a las escuelas católicas. Las escuelas se llamaban escuelas "residenciales" porque allí vivían los jóvenes. Debido a que estaban lejos de casa, los niños no pudieron aprender las tradiciones de los miembros mayores de la familia y los líderes comunitarios.

Una solicitud importante

Mientras el Papa está en Canadá, algunos grupos indígenas planean pedirle que devuelva objetos de arte de sus antepasados. Algunos líderes católicos dicen que las obras de arte fueron regalos enviados a Europa para ser incluidos en un evento de 1925 en el Vaticano. Otros no están de acuerdo.

Michael Galban es un Washoe y Mono Lake Paiute. También dirige el Seneca Art & Culture Center en el estado de Nueva York. Dijo que le resulta difícil aceptar que "no hubo alguna coerción en esas comunidades para obtener estos objetos". Coerción significa hacer que alguien haga algo por la fuerza o amenazas.

Gloria Bell trabaja en la Academia Estadounidense en Roma y es profesora asistente en la Universidad McGill de Canadá. Ella dijo: "Usar el término 'regalo' simplemente cubre toda la historia". Bell agregó: "Realmente necesitamos cuestionar el contexto de cómo estas pertenencias culturales llegaron al Vaticano".

Muchos miles de obras de arte y artefactos se guardan en un museo poco visitado llamado Anima Mundi dentro de un grupo de edificios del Vaticano dentro de Roma. Anima Mundi es una frase latina que significa "Alma del mundo" en inglés.

Los grupos que piden la devolución de los artefactos incluyen a los Metis, que son uno de los tres grandes pueblos indígenas de Canadá. Es la segunda vez que Metis pedirá al Papa que devuelva los objetos. Los representantes de Metis le pidieron al Papa que enviara los artefactos a casa la primavera pasada durante una visita a Italia.

Cassidy Caron es presidenta del Consejo Nacional de Metis. Ella dijo, "las piezas que nos pertenecen deben volver a casa". Dijo que cuando los objetos lleguen a casa, su gente podrá contar su historia más abiertamente. "Tuvimos que ocultar nuestra cultura y ocultar nuestras tradiciones para mantener segura a nuestra gente", dijo Caron. Ahora que los indígenas de Canadá pueden hablar libremente sobre sí mismos, quieren explicar qué son los objetos, qué significan y cómo se usan en las ceremonias. En el pasado, dijo Caron, muchos mestizos tenían que ocultar sus tradiciones porque tenían miedo.

El gobierno canadiense también admitió haber trabajado para trasladar a los nativos a la sociedad canadiense en los años 1800 y 1900. Por ejemplo, el gobierno prohibió una ceremonia especial llamada Potlatch, que dijo que era demasiado destructiva, en 1885. Los agentes se llevaron objetos especiales que se usaron en las ceremonias, como máscaras, que eventualmente aparecieron en colecciones privadas y museos en Canadá, el Estados Unidos y Europa.

¿Qué hay en el museo?

Algunos de los artefactos en el Museo del Vaticano incluyen colmillos de morsa, pieles de animales y cubiertas especiales para la cabeza que se usan para las ceremonias. El Vaticano dice que esos artículos fueron obsequios para el Papa Pío XI, quien se desempeñó como líder de la Iglesia desde 1922 hasta 1939. Otros objetos de la colección se remontan al siglo XVII.

Un informe de un periódico canadiense en 2021 mostró un bote utilizado por los inuit de Canadá en el museo. Los líderes indígenas dicen que solo conocen los objetos que se muestran. Dicen que podría haber muchos más en lugares de espera. The Vatican News dijo que algunos objetos han sido devueltos a su gente. Por ejemplo, en 2021, la Iglesia envió una cabeza reducida utilizada en ceremonias religiosas al pueblo jíbaro de Ecuador.

Katsitsionni Fox es una cineasta indígena del pueblo Mohawk. Ella tomó un video de algunos de los objetos en el museo a principios de este año. Mientras filmaba, se la puede escuchar diciendo "puedes sentir que no es donde pertenecen y no es donde quieren estar". Mostró una exhibición de cinturones de cuentas usados como dinero por los pueblos nativos y palos usados como armas.

El museo no quiso hablar con Associated Press sobre esta historia. Pero en una lista de 2015 de los objetos que tiene de las Américas, el museo dijo que el buen estado de los artefactos muestra cuánto se preocupa la Iglesia por las culturas del mundo.

En otros años, el Vaticano ha trabajado con las comunidades aborígenes de Australia para obtener más información sobre los artefactos que posee. En 2010, el director del museo fue a Australia para hablar con los nativos y registrar información sobre los artículos.

El Papa Francisco en 2019 dijo que los artefactos de los pueblos nativos en poder de la Iglesia Católica se cuidan de la misma manera que "las obras maestras del Renacimiento o las estatuas inmortales griegas y romanas".

1. **Lea detenidamente el texto y seleccione la respuesta correcta marcando una X.**
    a. En todo el texto se trata de la visita programada del Papa a Canadá y de los temas que se quieren tratar con el Pontife en el palacio presidencial.
    b. En todo el texto se trata de la visita programada del Papa a Canadá para el 2025y de los temas que se quieren tratar con el Pontife.
    c. En todo el texto se trata de la visita programada del Papa a Canadá y de los temas que se quieren tratar con el Pontife.
2. **Lea detenidamente el texto y seleccione la respuesta correcta marcando una X.**
    a. Los indígenas quieren pedir al Papa que devuelvan los artículos de arte de sus culturas, mientras el Papa pretende disculpar a la iglesia católica por el maltrato que hubo durante 100 años a las culturas indígenas de Canadá.
    b. Se tratará asuntos de historia, arte y cultura durante las conversaciones.
    c. Se tratará asuntos sobre la explotación de las minas de oro en el pasado.

3. **Lea detenidamente el texto y seleccione la respuesta correcta marcando una X.**

   a. Los europeos quieren devolver todo a los indígenas.

   b. La discusión entre los europeos del Vaticano es que, algunos líderes católicos dicen que las obras de arte fueron regalos enviados a Europa para ser incluidos en un evento de 1925 en el Vaticano. Otros no están de acuerdo.

   c. Los europeos planean vender los artículos de arte del Vaticano a los indígenas de Canadá.

4. **Lea detenidamente el texto y seleccione la respuesta correcta marcando una X.**

   a. Según Gloria Bell trabaja en la Academia Estadounidense en Roma y es profesora asistente en la Universidad McGill de Canadá. Ella dijo: "Usar el término presente simplemente cubre toda la historia". Bell agregó: "Realmente necesitamos cuestionar el contexto de cómo estas pertenencias culturales llegaron al Vaticano".

   b. Según Gloria Bell trabaja en la Academia Estadounidense en Roma y es profesora emerita en la Universidad McGill de Canadá. Ella dijo: "Usar el término 'regalo' simplemente cubre toda la historia". Bell agregó: "Realmente necesitamos cuestionar el contexto de cómo estas pertenencias culturales llegaron al Vaticano".

   c. Según Gloria Bell trabaja en la Academia Estadounidense en Roma y es profesora asistente en la Universidad McGill de Canadá. Ella dijo: "Usar el término 'regalo' simplemente cubre toda la historia". Bell agregó: "Realmente necesitamos cuestionar el contexto de cómo estas pertenencias culturales llegaron al Vaticano".

5. **Lea detenidamente el texto y seleccione la respuesta correcta marcando una X.**

   a. Los misioneros católicos no solo separaron a los niños de sus familias, sino que no les permitieron aprender su cultura nativa lo que hace más la situación.

   b. Los misioneros católicos ensenaban catolicismo a los niños mientras trataban de convertir a sus familiares.

   c. Los misioneros católicos enseñaban a los chicos idiomas, letras y matemáticas.

6. **Lea detenidamente el texto y seleccione la respuesta correcta marcando una X.**

   a. Los niños indígenas y sus familiares vivían en las escuelas y estas escuelas duraron abiertas 100 años.

   b. Los niños indígenas vivían en las escuelas separados de sus familias y estas escuelas duraron abiertas 100 años.

   c. Los niños indígenas y sus familiares vivían en las escuelas y estas escuelas duraron abiertas 250 años.

7. **Lea detenidamente el texto y seleccione la respuesta correcta marcando una X.**

   a. Algunos de los artefactos en el Museo del Vaticano incluyen colmillos de dinosaurios encontrados por los indígenas en sus tierras.

   b. Algunos de los artefactos en el Museo del Vaticano incluyen colmillos de tiburones, pieles de osos y cubiertas especiales para la cabeza que se usan para las ceremonias.

   c. Algunos de los artefactos en el Museo del Vaticano incluyen colmillos de morsa, pieles de animales y cubiertas especiales para la cabeza que se usan para las ceremonias.

8. **Lea detenidamente el texto y seleccione la respuesta correcta marcando una X.**

   a. Según el Papa Francisco en 2019 dijo que los artefactos de los pueblos nativos en poder de la Iglesia Católica no se cuidan de la misma manera que "las obras maestras del Renacimiento o las estatuas inmortales griegas y romanas".

   b. Según el Papa Francisco en 2022 dijo que los artefactos de los pueblos nativos en poder de la Iglesia Católica se cuidan de la misma manera que "las obras maestras del Renacimiento o las estatuas inmortales griegas y romanas".

   c. Según el Papa Francisco en 2019 dijo que los artefactos de los pueblos nativos en poder de la Iglesia Católica se cuidan de la misma manera que "las obras maestras del Renacimiento o las estatuas inmortales griegas y romanas".

9. **Lea detenidamente el texto y seleccione la respuesta correcta marcando una X.**

   a. "las obras **maestras** del Renacimiento o las estatuas inmortales griegas y romanas". La palabra en negritas es un adjetivo.

   b. "las obras **maestras** del Renacimiento o las estatuas inmortales griegas y romanas". La palabra en negritas es un adverbio.

   c. "las obras **maestras** del Renacimiento o las estatuas inmortales griegas y romanas". La palabra en negritas es un adjetivo demostrativo.

10. **Lea detenidamente el texto y seleccione la respuesta correcta marcando una X.**

    a. En la frase, "el Vaticano **ha trabajado** con las comunidades aborígenes". El verbo ha trabajado pertenece al participio.

b. En la frase, "el Vaticano **ha trabajado** con las comunidades aborígenes". El verbo ha trabajado pertenece al pretérito compuesto.

c. En la frase, "el Vaticano **ha trabajado** con las comunidades aborígenes". El verbo ha trabajado pertenece al pretérito simple.

Cineasta estadounidense cuenta la historia del rescate en una cueva tailandesa.

Hace cuatro años, un grupo de 12 niños y su entrenador de fútbol fueron rescatados de una cueva en Tailandia. Ahora, su historia ha sido contada por el galardonado cineasta estadounidense Ron Howard en su nueva película Thirteen Lives.

Los niños y su entrenador estaban explorando la cueva Tham Luang en Chiang Rai, en el norte de Tailandia, en junio de 2018. Las fuertes lluvias inundaron la cueva y los atraparon bajo tierra. Sobrevivieron nueve días en un área parcialmente inundada de la cueva antes de ser descubiertos por dos buzos británicos. Pero los miembros de la marina de Tailandia y los voluntarios internacionales tardaron otros ocho días en ponerlos a salvo.

Thirteen Lives recrea lo que sucedió dentro de la cueva y encima de ella en el suelo durante esos 17 días. Voluntarios, ingenieros y soldados sacaron millones de litros de agua de la cueva. También perforaron rocas en busca de aberturas para llegar a los niños. Howard habló con Reuters en la primera proyección de la película en Londres a principios de esta semana. Él dijo: "No se trata solo de los buzos heroicos… realmente es toda una comunidad y un país y muchos países participando en última instancia y haciendo que algo increíble se haga realidad".

La película está protagonizada por el estadounidense Viggo Mortensen y el irlandés Colin Farrell como los buzos británicos Rick Stanton y John Volanthen. El actor australiano Joel Edgerton interpreta el papel de Harry Harris. Harris fue contratado para ayudar cuando se estaban agotando las posibles formas de salvar a los niños.

Los artistas tailandeses en la película incluyeron actores profesionales y no profesionales. Muchos de los jóvenes que interpretaban a los miembros del equipo de fútbol no tenían experiencia en la actuación.

Stanton, Volanthen y miembros del equipo internacional de buceo de rescate asistieron a la exhibición en Londres. Elogiaron la representación de Howard de los hechos.

"Creo que es bueno que la gente sepa lo que pasó. No es un documental, pero es bastante real", dijo Stanton. Thirteen Lives se estrenará en una pequeña cantidad de cines de EE. UU. y Gran Bretaña el 29 de julio. Se estrenará en todo el mundo en el servicio Amazon Prime Video el 5 de agosto.

1. **Lea detenidamente el texto y seleccione la respuesta correcta marcando una X.**
    a. Hace siete años, un grupo de 12 niños y su entrenador de fútbol fueron rescatados de una cueva en Tailandia.
    b. Hace cuatro años, un grupo de 12 niños y su entrenador de fútbol fueron rescatados de una cueva en Tailandia.
    c. Hace cuatro años, un grupo de 15 niños y su entrenador de fútbol fueron rescatados de una cueva en Australia.

2. **Lea detenidamente el texto y seleccione la respuesta correcta marcando una X.**
    a. Ahora, esta historia de los niños y el entrenador rescatados ha sido contada por el galardonado cineasta estadounidense Ron Howard en su nueva película Thirteen Lives.
    b. Ahora, esta historia de los 15 niños y el entrenador rescatados ha sido contada por el galardonado cineasta estadounidense Ron Howard en su nueva película Thirteen Lives.

c. Ahora, esta historia de los niños y el entrenador rescatados ha sido contada por el galardonado cineasta estadounidense Ron DeSantis en su nueva película Thirteen Lives.

3. **Lea detenidamente el texto y seleccione la respuesta correcta marcando una X.**

   a. Los 15 niños y su entrenador estaban explorando la cueva Tham Luang en Chiang Rai, en el norte de Japon, en junio de 2022. Las fuertes lluvias inundaron la cueva y los atraparon bajo tierra.

   b. Los 15 niños y su entrenador estaban explorando la cueva Tham Luang en Chiang Rai, en el norte de Japon, en junio de 2018. Las fuertes lluvias inundaron la cueva y los atraparon bajo tierra.

   c. Los niños y su entrenador estaban explorando la cueva Tham Luang en Chiang Rai, en el norte de Tailandia, en junio de 2018. Las fuertes lluvias inundaron la cueva y los atraparon bajo tierra.

4. **Lea detenidamente el texto y seleccione la respuesta correcta marcando una X.**

   a. Sobrevivieron nueve días en un área parcialmente inundada de la cueva antes de ser descubiertos por dos buzos tailandeses.

   b. Los 12 niños y su entrenador sobrevivieron nueve días en un área parcialmente inundada de la cueva antes de ser descubiertos por dos buzos británicos.

   c. Sobrevivieron once días en un área parcialmente inundada de la cueva antes de ser descubiertos por dos buzos franceses.

5. **Lea detenidamente el texto y seleccione la respuesta correcta marcando una X.**

   a. Los miembros de la marina de Tailandia y los voluntarios internacionales tardaron otros ocho días en ponerlos a salvo.

b. Los miembros de la marina de Tailandia y los voluntarios nacionales tardaron otros ocho días en ponerlos a salvo.

c. Los miembros de la marina de Tailandia y los voluntarios internacionales tardaron otros quince días en ponerlos a salvo.

6. **Lea detenidamente el texto y seleccione la respuesta correcta marcando una X.**

a. En la frase "Los miembros de la marina de Tailandia y los voluntarios internacionales tardaron otros ocho días en **ponerlos** a salvo" el pronombre (los) poner**los**, está en posición enclítica.

b. En la frase "Los miembros de la marina de Tailandia y los voluntarios internacionales tardaron otros ocho días en **ponerlos** a salvo" el pronombre poner**los**, está en posición proclítica.

c. En la frase "Los miembros de la marina de Tailandia y los voluntarios internacionales tardaron otros ocho días en **ponerlos** a salvo" el pronombre poner**los**, está en posición neutra en relación al verbo poner.

7. **Lea detenidamente el texto y seleccione la respuesta correcta marcando una X.**

a. Thirteen Lives es una película de ciencia ficción que recrea lo que sucedió dentro de la cueva y encima de ella en el suelo durante esos 17 días.

b. Thirteen Lives es una fábula que recrea lo que sucedió dentro de la cueva y encima de ella en el suelo durante esos 17 días.

c. Thirteen Lives es una película que recrea lo que sucedió dentro de la cueva y encima de ella en el suelo durante esos 17 días.

8. **Lea detenidamente el texto y seleccione la respuesta correcta marcando una X.**

   a. Los artistas tailandeses en la película incluyeron solo actores profesionales. Muchos de los jóvenes que interpretaban a los miembros del equipo de fútbol no tenían experiencia en la actuación.

   b. Los artistas tailandeses en la película incluyeron actores profesionales y no profesionales. Muchos de los jóvenes que interpretaban a los miembros del equipo de fútbol no tenían experiencia en la actuación.

   c. Los artistas tailandeses en la película incluyeron actores profesionales y no profesionales. Mas otros artistas internacionales. Muchos de los jóvenes que interpretaban a los miembros del equipo de fútbol no tenían experiencia en la actuación.

9. **Lea detenidamente el texto y seleccione la respuesta correcta marcando una X.**

   a. "**Creo** que es bueno que la gente sepa lo que pasó. No es un documental, pero es bastante real", dijo Stanton. El verbo creer esta conjugado en la tercera persona del singular (el cree) del presente de indicativo.

   b. "**Creo** que es bueno que la gente sepa lo que pasó. No es un documental, pero es bastante real", dijo Stanton. El verbo creer esta conjugado en la primera persona del plural (ellos creen) del presente de indicativo.

   c. "**Creo** que es bueno que la gente sepa lo que pasó. No es un documental, pero es bastante real", dijo Stanton. El verbo creer esta conjugado en la primera persona del singular del presente de indicativo.

10. Lea detenidamente el texto y seleccione la respuesta correcta marcando una X.

    a. "Se **estrenará** en todo el mundo en el servicio Amazon Prime Video el 5 de agosto" el verbo esta conjugado en futuro simple.

    b. **Se** estrenará en todo el mundo en el servicio Amazon Prime Video el 5 de agosto. SE es un pronombre personal.

    c. **Se estrenará** en todo el mundo en el servicio Amazon Prime Video el 8 de agosto.

Chicos tailandeses hablan sobre su experiencia en una cueva inundada.

Los 12 niños y su entrenador de fútbol rescatados de una cueva inundada en el norte de Tailandia aparecieron en público por primera vez el miércoles. Los niños tienen entre 11 y 16 años. Saludaron, sonrieron y ofrecieron el tradicional saludo tailandés "wai" en una transmisión de televisión nacional. Llevaban camisetas con la imagen de un jabalí. Así se llama el equipo de fútbol. Patearon balones de fútbol alrededor del televisor que tenía porterías y redes como una cancha de fútbol. Un gran cartel tenía las palabras "Trayendo los jabalíes a casa".

Uno de los niños, Adul Sam-on, describió el momento en que dos buzos de cuevas británicos encontraron al grupo el 2 de julio. "Fue mágico", dijo. "Tuve que pensar mucho antes de poder responder a sus preguntas". El descubrimiento inició el esfuerzo de rescate que los llevó a todos a un lugar seguro durante tres días. Los miembros de los SEAL de la marina tailandesa y un equipo internacional de expertos en buceo en cuevas organizaron el esfuerzo de rescate.

Al entrenador Ekkapol Chantawong se le atribuye haber mantenido con vida a los muchachos. Dijo que el orden en que los niños fueron rescatados no dependía de su estado de salud.

Él dijo: "Aquellos cuyas casas están más alejadas fueron primero, para que pudieran decirles a todos que los niños estaban bien".

"Solo bebimos agua"

El grupo había planeado explorar el complejo de cuevas de Tham Luang después de la práctica de fútbol el 23 de junio. Pero el agua de lluvia inundó los túneles, atrapándolos dentro.

"Nos turnamos para cavar en las paredes de la cueva", dijo Ekkapol. "No queríamos esperar hasta que las autoridades nos encontraran". Uno de los niños agregó: "Usamos piedras para cavar en la cueva. Cavamos de 3 a 4 metros".

El grupo no tenía comida en un viaje que pensaron que solo duraría una hora en la cueva. Durante casi 10 días, sobrevivieron gracias al agua que goteaba de las estalactitas de la cueva.

Uno de los niños, Tee, dijo: "Solo bebimos agua". Titán, el miembro más joven del equipo, dijo: "No tenía fuerzas. Traté de no pensar en la comida para no tener más hambre".

Un niño estaba preocupado por sus padres. Él dijo: "Tenía miedo. Que no iría a casa y mi madre me regañaría". Dos de los niños levantaron un dibujo de Saman Kunan. Era el ex buzo de la marina tailandesa que murió mientras se preparaba para su rescate. "Todos estaban muy tristes", dijo el entrenador, "Sentían que ellos eran la razón por la que él tenía que morir y su familia tenía que sufrir".

1. **Lea detenidamente el texto y seleccione la respuesta correcta marcando una X.**

    a. Después de este dramático accidente del recate, los niños tienen entre 11 y 16 años. Saludaron, sonrieron y ofrecieron el tradicional saludo tailandés "wai" en una transmisión de televisión nacional.

    b. Después de este dramático accidente del recate, los niños tienen entre 15 y 18 años. Saludaron, sonrieron y ofrecieron el tradicional saludo tailandés "wai" en una transmisión de televisión nacional.

    c. Después de este dramático accidente del recate, los niños tienen entre 11 y 16 años. Saludaron, sonrieron y ofrecieron el tradicional saludo tailandés "wai" en una transmisión de televisión nacional.

2. **Lea detenidamente el texto y seleccione la respuesta correcta marcando una X.**

    a. Los niños y el entrenador llevaban camisetas con la imagen de un jabalí. Así se llama el equipo de fútbol.

    b. Los rescatistas llevaban camisetas con la imagen de un jabalí. Así se llama el equipo de fútbol.

    c. Los presentadores de la televisión llevaban camisetas con la imagen de un jabalí. Así se llama el equipo de fútbol.

3. **Lea detenidamente el texto y seleccione la respuesta correcta marcando una X.**

    a. Durante la presentación en la radio local de la ciudad, se escucharon a los niños patear balones de fútbol alrededor del televisor que tenía porterías y redes como una cancha de fútbol. Un gran cartel tenía las palabras "Trayendo los jabalíes a casa".

    b. Durante la presentación en televisión, los niños patearon balones de fútbol alrededor del televisor que tenía porterías y redes como una cancha de fútbol. Un gran cartel tenía las palabras "Trayendo los jabalíes a casa".

c. Durante la presentación en televisión, los niños patearon balones de fútbol alrededor del televisor que tenía porterías y redes como una cancha de fútbol. Un gran cartel tenía las palabras "Trayendo los jabalíes a casa".

4. Lea detenidamente el texto y seleccione la respuesta correcta marcando una X.

a. Los miembros de fuerza aérea tailandesa y un equipo internacional de expertos en buceo en cuevas organizaron el esfuerzo de rescate.

b. Los miembros de los SEAL de la marina tailandesa y un equipo internacional de expertos en buceo en cuevas organizaron la búsqueda y el rescate que duro varios días.

c. Los miembros de los SEAL de la marina tailandesa y un equipo internacional de expertos en buceo en cuevas organizaron el esfuerzo de rescate.

5. Lea detenidamente el texto y seleccione la respuesta correcta marcando una X.

a. Se sabe hoy día que, el grupo había planeado explorar el complejo de cuevas de Tham Luang después de la práctica de fútbol el 23 de junio. Pero el agua de lluvia inundó los túneles, atrapándolos dentro.

b. No se sabe a ciencia cierta porque el grupo había planeado explorar el complejo de cuevas de Tham Luang después de la práctica de fútbol el 23 de junio. Pero el agua de lluvia inundó los túneles, atrapándolos dentro.

c. Se sabe hoy día que, el grupo no había planeado explorar el complejo de cuevas de Tham Luang después de la práctica de fútbol el 25 de junio. Pero el rio se inundó y los túneles dentro.

6. **Lea detenidamente el texto y seleccione la respuesta correcta marcando una X.**

a. El grupo no tenía comida en un viaje que pensaron que solo duraría una hora en la cueva. Durante casi 10 días, sobrevivieron gracias al agua que goteaba de las estalactitas de la cueva.

b. El grupo tenía suficiente comida en un viaje que pensaron que solo duraría una hora en la cueva. Durante casi 10 días, sobrevivieron gracias al agua que goteaba de las estalactitas de la cueva.

c. El grupo no tenía medicinas ni provisiones en un viaje que pensaron que solo duraría veinte horas en la cueva. Durante casi 10 días, sobrevivieron gracias al agua que goteaba de las estalactitas de la cueva.

7. **Lea detenidamente el texto y seleccione la respuesta correcta marcando una X.**

a. El señor Saman Kunan. era el ex buzo de la marina autraliana que murió mientras se preparaba para su rescate.

b. Saman Kunan. era el ex buzo de la marina tailandesa que murió mientras se preparaba para su rescate.

c. Víctor Kalinin. era el ex buzo de la marina tailandesa que murió mientras se preparaba para su rescate.

8. **Lea detenidamente el texto y seleccione la respuesta correcta marcando una X.**

a. Ekkapol, pidió a los niños pasar tiempo como trabajadores religiosos católicos para honrar la memoria del buzo.

b. Ekkapol, agregó que los niños pasarían tiempo como haciendo horas voluntarias para honrar la memoria del buzo.

c. Ekkapol, agregó que los niños pasarían tiempo como trabajadores religiosos budistas para honrar la memoria del buzo.

9. **Lea detenidamente el texto y seleccione la respuesta correcta marcando una X.**

a. La palabra "**sobrevivieron**" proviene del verbo sobrevivir y esta conjugado en tercera persona del plural del pretérito simple.

b. La palabra "**sobrevivieron**" proviene del verbo sobrevivir y significa que vivieron otra vez.

c. La palabra "**sobrevivieron**" proviene del verbo sobrevivir y esta conjugado en tercera persona del plural del pretérito simple. Significa vivir dos veces más.

10. **Lea detenidamente el texto y seleccione la respuesta correcta marcando una X.**

a. "El **ex buzo** de la marina tailandesa". El prefijo griego (**ex**) significa que ya no, es más buzo activo, que se retiró ya del servicio.

b. "El **ex buzo** de la marina tailandesa". El prefijo latino (**ex**) significa que ya no, es más buzo activo, que se retiró ya del servicio.

c. "El **ex buzo** de la marina tailandesa". El sufijo latino (**ex**) significa que ya no, es más buzo activo, que se retiró ya del servicio.

Los estadounidenses celebran el Día de la Independencia

Estados Unidos celebra su Día de la Independencia el 4 de julio.

John Adams, quien luego se convirtió en el segundo presidente de Estados Unidos, le escribió a su esposa en 1776 que el día sería recordado con fuegos artificiales y celebraciones "de un extremo al otro de este continente". Pero el día del que estaba hablando era el 2 de julio de 1776, no el 4 de julio. El 2 de julio es el día en que el Congreso Continental de las 13 colonias originales votó a favor de la independencia de Gran Bretaña. El Congreso no firmó oficialmente la Declaración de Independencia, escrita principalmente por Thomas Jefferson, hasta dos días después.

Primera celebración del 4 de julio

Pauline Maier fue una historiadora que escribió el libro de 1997 Escritura americana: Haciendo la Declaración de Independencia. Ella escribió que, a principios de julio de 1777, los miembros del Congreso Continental casi olvidaron que había pasado un año desde que declararon su libertad de los británicos. Recordaron el 3 de julio. Era demasiado tarde para celebrar el 2 de julio. Entonces, decidieron marcar la independencia del país con una celebración al día siguiente: 4 de julio.

El Pennsylvania Evening Post de Filadelfia informó: "Ayer 4 de julio, siendo el aniversario de la Independencia de los Estados Unidos de América, se celebró en esta ciudad con manifestaciones de alegría y festividad". Por la noche, el Post dijo: "Hubo una gran exhibición de fuegos artificiales… y la ciudad estaba bellamente iluminada".

Convertirse en feriado oficial

La tradición de celebrar el Día de la Independencia comenzó a expandirse después de la Guerra de 1812 contra Gran Bretaña. Tales celebraciones se llevaron a cabo principalmente el 4 de julio. John Adams, sin embargo, todavía creía que los estadounidenses deberían celebrar su independencia el 2 de julio. Los historiadores dicen que, según los informes, Adams rechazó las invitaciones para participar en los eventos del 4 de julio hasta el día de su muerte. Adams murió el 4 de julio de 1826.

Ese mismo día también murió Thomas Jefferson. Los dos hombres y ex presidentes eran amigos y rivales. Ambos fallecieron en el 50 aniversario de la firma de la Declaración de Independencia. En 1870, el Congreso de los Estados Unidos declaró el 4 de julio como feriado oficial.

Celebraciones modernas

En julio de 1776, Estados Unidos era un país de 2,5 millones de habitantes. Ahora es un país de 332 millones, informa el censo de EE. UU. En estos días, los estadounidenses celebran el Día de la Independencia con fuegos artificiales y otras festividades.

El espectáculo anual de fuegos artificiales del 4 de julio en la ciudad de Nueva York es el más grande de la nación. Se puede ver en los estados vecinos de Nueva Jersey y Connecticut. También se transmite a nivel nacional por televisión.

En Filadelfia, Pensilvania, los organizadores llevarán a cabo un festival de fuegos artificiales, música y comida de 16 días para celebrar la festividad. El pequeño pueblo de Lewes, Delaware, celebra su historia costera con el desfile de botes del Día de la Independencia.

Este año, los funcionarios de Atlanta, Georgia, están cerrando carreteras en la ciudad sureña para la tradicional AJC Peachtree Road Race. Un total de 60.000 corredores pueden participar en el popular evento del Día de la Independencia.

En Los Ángeles, California, los cinéfilos pueden elegir celebrar la festividad viendo películas antiguas de Hollywood desde pequeños botes en el lago Castaic o desde la zona de césped del histórico cementerio Hollywood Forever. Y en el lejano norte de Anchorage, Alaska, las tradiciones del Día de la Independencia incluyen un desayuno con panqueques, juegos de béisbol y fuegos artificiales nocturnos. Con 19 horas de luz diurna en esta época del año, el espectáculo de fuegos artificiales de Anchorage no comienza hasta las 11 de la noche.

1. **Lea detenidamente el texto y seleccione la respuesta correcta marcando una X.**

     a. El pueblo de los Estados Unidos de América guarda como una fecha importantísima en su calendario el 4 de julio de cada ano, ya que es el día en que celebran su independencia de Gran Bretaña. Y de esto trata este artículo escrito.

     b. El pueblo de los Estados Unidos de América guarda como una fecha importantísima en su calendario el 4 de junio de cada ano, ya que es el día en que celebran su independencia de Inglaterra. Y de esto trata este artículo escrito.

     c. El pueblo de los Estados Unidos de América guarda como una fecha importantísima en su calendario el 4 de julio de cada ano, ya que es el día en que celebran su independencia de la invasión francesa en 1876. Y de esto trata este artículo escrito.

2. **Lea detenidamente el texto y seleccione la respuesta correcta marcando una X.**

   a. Para John Adams, quien luego se convirtió en el segundo presidente de Estados Unidos, le escribió a su esposa en 1876 que el día sería recordado con fuegos artificiales y celebraciones "de un extremo al otro de este continente". Y todos los años este día 4 de julio se celebra de esta manera.

   b. Para John Adams, quien luego se convirtió en el segundo presidente de Estados Unidos, le escribió a su esposa en 1976 que el día sería recordado con fuegos artificiales y celebraciones "de un extremo al otro de este continente". Y todos los años este día 4 de julio se celebra de esta manera.

   c. Para John Adams, quien luego se convirtió en el segundo presidente de Estados Unidos, le escribió a su esposa en 1776 que el día sería recordado con fuegos artificiales y celebraciones "de un extremo al otro de este continente". Y todos los años este día 4 de julio se celebra de esta manera.

3. **Lea detenidamente el texto y seleccione la respuesta correcta marcando una X.**

   a. …por la mañana, el Post dijo: "Hubo una gran exhibición de fuegos artificiales… y la ciudad estaba **bellamente iluminada**". Las palabras en negritas son los adjetivos que describen como estaba la ciudad.

   b. …por la noche, el Post dijo: "Hubo una gran exhibición de fuegos artificiales… y la ciudad estaba **bellamente iluminada**". Las palabras en negritas son los adjetivos que describen como estaba la ciudad.

c. …por la noche, el Post dijo: "Hubo una gran explosión de fuegos artificiales… y la ciudad estaba **bellamente iluminada**". Las palabras en negritas son los adjetivos que describen como estaba la ciudad.

4. **Lea detenidamente el texto y seleccione la respuesta correcta marcando una X.**

    a. La tradición de celebrar el Día de la Independencia no comenzó a expandirse en 1776, sino después de la Guerra de 1812 contra Gran Bretaña. Tales celebraciones se llevaron a cabo principalmente el 4 de julio.

    b. La tradición de celebrar el Día de la Independencia no comenzó a expandirse en 1810, sino después de la Guerra de 1812 contra Gran Bretaña. Tales celebraciones se llevaron a cabo principalmente el 4 de julio.

    c. La tradición de celebrar el Día de la Independencia no comenzó a expandirse en 1776, sino después de la Guerra de 1812 contra Gran Bretaña. Tales celebraciones se llevaron a cabo principalmente el 4 de junio.

5. **Lea detenidamente el texto y seleccione la respuesta correcta marcando una X.**

    a. En julio de 1876, Estados Unidos era un país de 3,5 millones de habitantes. Ahora es un país de 332 millones, informa el censo de EE. UU.

    b. En julio de 1776, Estados Unidos era un país de 2,5 millones de habitantes. Ahora es un país de 532 millones, informa el censo de EE. UU.

    c. En julio de 1776, Estados Unidos era un país de 2,5 millones de habitantes. Ahora es un país de 332 millones, informa el censo de EE. UU.

6. **Lea detenidamente el texto y seleccione la respuesta correcta marcando una X.**

    a. El espectáculo anual de fuegos artificiales del 4 de julio en la ciudad de Nueva York es el más grande de la nación. Se puede ver en los estados vecinos de Nueva Jersey y Connecticut. Declaro el New York Times recientemente.

    b. El espectáculo anual de fuegos artificiales del 4 de julio en la ciudad de Nueva Jersey y Connecticut es el más grande de la nación. Se puede ver en los estados vecinos como Nueva York. También se transmite a nivel nacional por televisión.

    c. El espectáculo anual de fuegos artificiales del 4 de julio en la ciudad de Nueva York es el más grande de la nación. Se puede ver en los estados vecinos de Nueva Jersey y Connecticut. También se transmite a nivel nacional por televisión.

7. **Lea detenidamente el texto y seleccione la respuesta correcta marcando una X.**

    a. los funcionarios de Atlanta, Georgia, están cerrando carreteras en la ciudad sureña para la tradicional AJC Peachtree Road Race. Un total de 80.000 corredores pueden participar en el popular evento del Día de la Independencia.

    b. Los funcionarios de Atlanta, Georgia, cierran carreteras en la ciudad sureña para la tradicional AJC Peachtree Road Race. Y generalmente un total de 60.000 corredores pueden participar en el popular evento del Día de la Independencia.

c. los funcionarios de Atlanta, New York, están cerrando carreteras en la ciudad sureña para la tradicional AJC Peachtree Road Race. Un total de 60.000 corredores pueden participar en el popular evento del Día de la Independencia.

8. **Lea detenidamente el texto y seleccione la respuesta correcta marcando una X.**

a. En Los Ángeles, California, los cinéfilos pueden elegir celebrar la festividad viendo películas antiguas de Hollywood montados en pequeños botes en el lago Castaic o posicionados en la zona de césped del histórico cementerio Hollywood Forever.

b. En Los Ángeles, California, los habitantes pueden elegir celebrar la festividad montados en pequeños botes en el lago Castaic o sentados en la zona de césped del histórico cementerio Hollywood Forever.

c. En Los Ángeles, California, los extranjeros que visitan la ciudad pueden elegir celebrar la festividad viendo películas antiguas de Hollywood montados en pequeños botes en el lago Castaic o posicionados en la zona de césped del histórico cementerio Hollywood Forever.

9. **Lea detenidamente el texto y seleccione la respuesta correcta marcando una X.**

a. "En Los Ángeles, California, **los cinéfilos** pueden elegir celebrar la festividad viendo películas antiguas…" los cinéfilos significa que son adictos a ver películas o al menos les gusta mucho ver películas.

b. "En Los Ángeles, California, **los cinéfilos** pueden elegir celebrar la festividad viendo películas antiguas…" los cinéfilos significa que ya vieron todas las películas o al menos les falta mucho ver.

c. "En Los Ángeles, California, **los cinéfilos** pueden elegir celebrar la festividad viendo películas antiguas…" los cinéfilos significa que caníbales del cine.

10. Lea detenidamente el texto y seleccione la respuesta correcta marcando una X.

a. "En Los Ángeles, California, los cinéfilos pueden **elegir** celebrar la festividad viendo películas antiguas…" el verbo **elegir** significa seleccionar, escoger.

b. "En Los Ángeles, California, los cinéfilos pueden **elegir** celebrar la festividad viendo películas antiguas…" el verbo **elegir** esta conjugado en tercera persona del singular del presente de indicativo.

c. "En Los Ángeles, California, los cinéfilos pueden **elegir** celebrar la festividad viendo películas antiguas…" el verbo **elegir** esta conjugado en primera persona del singular del presente de indicativo.

Los nativos americanos y el primer día de acción de gracias

El primer feriado de Acción de Gracias es cuando los estadounidenses tratan de pasar tiempo con la familia, comer una comida sabrosa y dar gracias por las cosas significativas de la vida. Este año, la festividad cae el 25 de noviembre. Sin embargo, los hechos históricos de la festividad se han debatido durante mucho tiempo. Ramona Peters es una oficial de preservación histórica de la tribu Mashpee Wampanoag en el estado de Massachusetts. El grupo de nativos americanos formó parte de lo que se dice que fue el primer Día de Acción de Gracias en 1621.

Ella describe el primer Día de Acción de Gracias de esta manera:

En el otoño de 1621, los primeros colonos llamados Pilgrims celebraron su primera cosecha exitosa en el área de Nueva Inglaterra de los Estados Unidos actuales. Lo celebraron disparando armas y cañones en Plymouth. El ruido sorprendió a los ancestros de la actual Nación Wampanoag. Entonces, fueron a investigar. Así es como los nativos llegaron a estar presentes en el primer Día de Acción de Gracias, dijo Peters. Agregó que la época estuvo marcada por la desconfianza y la tensión.

La descripción de los hechos sugiere que las pinturas que muestran a los nativos americanos sentados para una comida pacífica con familias coloniales son en gran medida una mentira. Los Wampanoag podrían haber compartido comida con los Peregrinos durante su misión de investigación. Pero también buscaron comida y probablemente comieron cosas muy diferentes a las comidas relacionadas con las vacaciones de Acción de Gracias de hoy.

¿Qué se sirvió en el primer Día de Acción de Gracias?

Lo que realmente se comió en ese primer Día de Acción de Gracias probablemente fue muy diferente al pavo, las papas y el relleno que muchas familias estadounidenses comen hoy. Esa información proviene de un experto en Plimoth Plantation, un museo de historia viviente en Plymouth, Massachusetts. "Sabemos que el pavo abundaba en Plymouth Colony, pero no sabemos con certeza si se sirvió en la comida", dijo Kate Sheehan de Plimoth Plantation a la VOA en un correo electrónico. Ella también cree que los mariscos podrían haber estado entre los alimentos servidos. "Los mejillones, la langosta y la anguila también estaban disponibles y los disfrutaban tanto los ingleses como los wampanoag".

Plimoth Plantation intenta copiar el asentamiento de la colonia de Plymouth establecido por los colonos ingleses en el siglo XVII. Los expertos modernos pueden hacer conjeturas informadas sobre qué más podría haber estado en la primera mesa de Acción de Gracias. Es probable que muchos tipos de verduras y hierbas estuvieran entre los alimentos disponibles.

"Los jardines ingleses probablemente produjeron repollos, zanahorias, pepinos, colewort (o coles), chirivías, nabos, remolachas, cebollas, rábanos, lechuga y espinacas, así como salvia, tomillo, perejil, mejorana, hinojo, anís y eneldo", Sheehan. dijo. "Las mujeres wampanoag e inglesas también cultivaban frijoles y calabazas, incluidas las calabazas", agregó.

¿Cuándo celebraron?

Los estadounidenses ahora celebran el Día de Acción de Gracias el cuarto jueves de noviembre. Pero los historiadores no conocen la fecha del primer Día de Acción de Gracias. "Sabemos que tuvo lugar durante tres días en algún momento entre mediados de septiembre y principios de noviembre de 1621, y se consideró una celebración de la cosecha después de una siembra exitosa de maíz pedernal multicolor", explicó Sheehan.

No fue hasta 1863, durante la Guerra Civil, que el Día de Acción de Gracias se convirtió en una fiesta nacional. Algunas explicaciones dicen que el presidente Abraham Lincoln apoyó la idea de un Día de Acción de Gracias idealista con la esperanza de unir al país.

Peters, de la tribu Mashpee Wampanoag, dijo que una mujer llamada Sarah Josepha Hale participó en el desarrollo de la festividad. Hale era la editora de una influyente revista femenina. Ella dijo que Hale le había dicho al presidente Lincoln que un feriado nacional de Acción de Gracias ayudaría a unir al país devastado por la guerra. "Fue un movimiento sociopolítico tratar de reunir al Norte y al Sur después de la Guerra Civil para celebrar este feriado nacional", dijo Peters. "En realidad, fue un movimiento bastante inteligente establecer algo para unir a las familias. Durante la Guerra Civil, muchas familias se dividieron por la mitad, hermanos contra hermanos".

¿Cómo celebran hoy los nativos americanos?

Hoy, los nativos americanos celebran el Día de Acción de Gracias de diferentes maneras. Algunos lo consideran un día de luto por la destrucción que la colonización y el desplazamiento causaron a su pueblo. Otros se reúnen con sus familias, pero no piensan en los Peregrinos.

Peters dijo que los nativos celebran muchas acciones de gracias durante todo el año. Celebran cuando llegan ciertos cultivos o cuando los peces regresan para liberar sus huevos en aguas cercanas.

Dar gracias, agregó Peters, es una gran parte de la vida espiritual de los miembros de Wampanoag.

1. **Lea detenidamente el texto y seleccione la respuesta correcta marcando una X.**
   a. Se cree que los miembros de la tribu Mashpee Wampanoag en el estado de California formó parte de lo que se dice que fue el primer Día de Acción de Gracias en 1621.
   b. Se cree que los miembros de la tribu Mashpee Wampanoag en el estado de Massachusetts formó parte de lo que se dice que fue el primer Día de Acción de Gracias en 1776.
   c. Se cree que los miembros de la tribu Mashpee Wampanoag en el estado de Massachusetts formó parte de lo que se dice que fue el primer Día de Acción de Gracias en 1621.
2. **Lea detenidamente el texto y seleccione la respuesta correcta marcando una X.**
   a. En el otoño de 1621, los primeros colonos llamados Pilgrims celebraron su primera cosecha exitosa en el área de Nueva Inglaterra de los Estados Unidos actuales. Lo celebraron disparando armas y cañones en Plymouth.
   b. En el invierno de 1621, los primeros colonos llamados Pilgrims celebraron su primera cosecha exitosa en el área de Nueva Inglaterra de los Estados Unidos actuales. Lo celebraron disparando armas y cañones en Plymouth.
   c. En el verano de 1621, los primeros colonos llamados Pilgrims celebraron su primera cosecha exitosa en el área de Nueva Inglaterra de los Estados Unidos actuales. Lo celebraron disparando armas y cañones en Plymouth.

3. **Lea detenidamente el texto y seleccione la respuesta correcta marcando una X.**

   a. Los Pilgrims celebraron disparando armas y cañones en Plymouth. El ruido sorprendió a los ancestros de la actual Nación Wampanoag. quienes, fueron a investigar. Así es como los nativos llegaron a estar presentes en el primer Día de Acción de Gracias.

   b. Los Pilgrims celebraron disparando armas, cañones y fuegos artificiales en Plymouth. El ruido sorprendió a los ancestros de la actual Nación Wampanoag. quienes, fueron a investigar. Así es como los nativos llegaron a estar presentes en el primer Día de Acción de Gracias.

   c. Los Pilgrims celebraron disparando armas de alto calibre y cañones en Plymouth. El ruido sorprendió a los ancestros de la actual Nación Wampanoag. quienes, fueron a investigar. Así es como los nativos llegaron a estar presentes en el primer Día de Acción de Gracias.

4. **Lea detenidamente el texto y seleccione la respuesta correcta marcando una X.**

   a. Según los historiadores, la época del Día de Acción de Gracias estuvo marcada por muertes por asesinatos callejeros.

   b. Según los historiadores, la época del Día de Acción de Gracias estuvo marcada por la desconfianza y la tensión.

   c. Según los historiadores, la época del Día de Acción de Gracias estuvo marcada por una gran cosecha de batatas.

5. **Lea detenidamente el texto y seleccione la respuesta correcta marcando una X.**

   a. Se cree que lo que realmente se comió en ese primer Día de Acción de Gracias probablemente fue muy diferente al pavo, las papas y el relleno con cebollas y ajo porro que muchas familias estadounidenses comen hoy.

b. Se cree que lo que realmente se comió en ese primer Día de Acción de Gracias probablemente fue muy diferente al pavo, las papas y el relleno que muchas familias estadounidenses comen hoy.

c. Se cree que lo que realmente se comió en ese primer Día de Acción de Gracias probablemente fue muy diferente al pavo, al bacalao, las papas y el relleno que muchas familias estadounidenses comen hoy.

6. Lea detenidamente el texto y seleccione la respuesta correcta marcando una X.

a. Según el texto, "Los salones y las haciendas de los ingleses probablemente produjeron repollos, zanahorias, pepinos, colewort (o coles), chirivías, nabos, remolachas, cebollas, rábanos, lechuga y espinacas, así como salvia, tomillo, perejil, mejorana, hinojo, anís y eneldo", Sheehan. dijo. "Las mujeres wampanoag e inglesas también cultivaban frijoles y calabazas, incluidas las calabazas", agregó.

b. Según el texto, "Los jardines ingleses probablemente produjeron repollos, zanahorias, pepinos, colewort (o coles), chirivías, nabos, remolachas, cebollas, rábanos, lechuga y espinacas, así como salvia, tomillo, perejil, mejorana, hinojo, anís, cebolla, batatas y eneldo", Sheehan. dijo. "Las mujeres wampanoag e inglesas también cultivaban frijoles y calabazas, incluidas las calabazas", agregó.

c. Según el texto, "Los jardines ingleses probablemente produjeron repollos, zanahorias, pepinos, colewort (o coles), chirivías, nabos, remolachas, cebollas, rábanos, lechuga y espinacas, así como salvia, tomillo, perejil, mejorana, hinojo, anís y eneldo", Sheehan. dijo. "Las mujeres wampanoag e inglesas también cultivaban frijoles y calabazas, incluidas las calabazas", agregó.

7. **Lea detenidamente el texto y seleccione la respuesta correcta marcando una X.**

   a. Según se cree por los historiadores, la festividad de Acción de Gracias "Fue un enfrentamiento sociopolítico entre el Norte y el Sur después de la Guerra Civil para celebrar este feriado nacional".

   b. Según se cree por los historiadores, la festividad de Acción de Gracias "Fue un movimiento sociocultural de tratar de reunir al Norte y al Sur después de la Guerra Civil para celebrar este feriado nacional".

   c. Según se cree por los historiadores, la festividad de Acción de Gracias "Fue un movimiento sociopolítico tratar de reunir al Norte y al Sur después de la Guerra Civil para celebrar este feriado nacional".

8. **Lea detenidamente el texto y seleccione la respuesta correcta marcando una X.**

   a. Según algunos estudiosos, los americanos celebran el Día de Acción de Gracias de diferentes maneras. Algunos lo consideran un día de luto por la destrucción que la colonización y el desplazamiento causaron a su pueblo. Otros se reúnen con sus familias, pero no piensan en los Peregrinos.

   b. Según algunos estudiosos, los americanos celebran el Día de Acción de Gracias de diferentes maneras. Algunos lo consideran un día de luto por la destrucción que la colonización y el desplazamiento causaron a su pueblo. Otros se reúnen con sus familias, por el llamado "Black Friday".

c. Según algunos estudiosos, los americanos celebran el Día de Acción de Gracias solo de dos formas. Muy pocos consideran un día de luto por la destrucción que la colonización y el desplazamiento causaron a su pueblo. En cuanto la mayoría se reúnen con sus familias, pero no piensan en los Peregrinos.

9. Lea detenidamente el texto y seleccione la respuesta correcta marcando una X.

a. En la frase, "los americanos celebran el Día de Acción de Gracias solo de dos formas". Podemos sustituir *los americanos* por el pronombre personal Ellos.

b. En la frase, "los americanos celebran el Día de Acción de Gracias solo de dos formas". Podemos sustituir *los americanos* por el pronombre personal Nosotros.

c. En la frase, "los americanos celebran el Día de Acción de Gracias solo de dos formas". Podemos sustituir *los americanos* por el pronombre indefinido Algunos.

10. Lea detenidamente el texto y seleccione la respuesta correcta marcando una X.

a. Los nativos celebran muchas acciones de gracias durante todo el verano. Celebran cuando cosechan ciertos cultivos o cuando los peces regresan para liberar sus huevos en aguas cercanas.

b. Los nativos celebran muchas acciones de gracias durante todo el año. Celebran cuando llegan ciertos cultivos o cuando los peces regresan para liberar sus huevos en aguas cercanas.

c. Los nativos del rio Amazonas en Brasil, celebran muchas acciones de gracias durante todo el año. Celebran cuando llegan ciertos cultivos o cuando los peces regresan para liberar sus huevos en aguas cercanas.

Los científicos trabajan para ayudar a los pelícanos marrones en las islas que se encogen.

Mientras la bióloga de aves marinas Bonnie Slaton se desliza de un bote pequeño y camina a través del agua hasta la cintura, los pelícanos marrones extienden sus alas sobre su cabeza hasta que llega a Raccoon Island.

La isla estrecha es un pequeño pedazo de tierra que separa el estado estadounidense de Luisiana del Golfo de México. Durante la temporada de cría de aves marinas, el lugar está lleno de ruido y movimiento, uno de los pocos lugares seguros que quedan para los pelícanos.

Hace doce años, había 15 islas bajas con áreas de reproducción para el ave estatal de Luisiana. Pero hoy, solo unas seis islas en el sureste de Luisiana tienen nidos de pelícanos pardos; el resto ha desaparecido bajo el agua.

Slaton y otros instalaron cámaras automáticas para observar nidos de pelícanos en la isla. Las cámaras muestran que en los últimos años la principal amenaza contra los pelícanos son las inundaciones, que pueden arrastrar nidos enteros, como sucedió en abril de 2021.

Los pantanos de agua salada de Luisiana, o humedales, también están desapareciendo más rápido que en cualquier otro lugar del país. Los científicos estiman que Louisiana pierde alrededor de 90 metros de humedales cada 60 a 90 minutos.

Slaton es investigador de la Universidad de Luisiana en Lafayette. Ella dijo: "Louisiana está perdiendo terreno rápidamente", en parte porque se está hundiendo, pero también porque el nivel del mar está aumentando.

Islas de barrera que desaparecen

Las islas que desaparecen son el lugar de una historia exitosa de conservación. Durante muchos años, los científicos han trabajado para salvar a los pelícanos de la extinción total.

Mike Carloss es un biólogo de vida silvestre estatal en Louisiana. Dijo que nunca vio pelícanos marrones cuando era niño en la década de 1960. Al igual que las águilas calvas, sus poblaciones habían muerto por el uso generalizado de pesticidas DDT. Adelgazó las cáscaras de los huevos y evitó que los pelícanos eclosionaran.

Los amados pájaros se habían ido por completo de Louisiana, solo imágenes en la bandera del estado. Pero un esfuerzo prolongado para salvarlos condujo al regreso de las aves.

Después de que se prohibiera el DDT en los EE. UU. en 1972, los biólogos trajeron pelícanos jóvenes de la cercana Florida para repoblar islas vacías en el Golfo de México. Más de 1200 fueron liberados en el sureste de Luisiana durante 13 años.

Un lugar fue Raccoon Island, donde Carloss, entonces asistente en el Departamento de Vida Silvestre y Pesca de Luisiana, ayudó a alimentar a los jóvenes pelícanos en una isla. "Alguien tuvo que darles de comer a mano", dijo.

Como biólogo estatal de vida silvestre, Carloss luego supervisó proyectos de restauración en la isla. Pero ahora teme que, si las islas siguen desapareciendo, "volveríamos a los años sesenta, y no por envenenamiento".

La erosión es un proceso natural que conduce al ascenso y descenso de islas de barrera como Raccoon Island. A lo largo de miles de años, las capas de suelo se arrastraron por el río Mississippi para construir las islas. Pero ya no se reduce porque la gente ha construido muros para controlar el flujo del río Mississippi.

Hoy en día, se utilizan barreras de piedra para proteger Raccoon Island de las corrientes de agua. Y las agencias gubernamentales trabajan para proteger otras islas de barrera. El dinero proviene de pagos posteriores al derrame de petróleo de Deepwater Horizon en 2010. Pero no durará para siempre, y muchas islas que se hunden no se reconstruyen en absoluto.

Los pelícanos marrones pueden vivir más de 20 años. Por lo tanto, el efecto de la desaparición de las áreas de reproducción tardará en hacerse evidente. Pero el futuro de los pelícanos es incierto en las islas barrera.

1. **Lea detenidamente el texto y seleccione la respuesta correcta marcando una X.**
   a. Raccoon Island es una isla estrecha es un pequeño pedazo de tierra que separa el estado estadounidense de Luisiana del Golfo de México.
   b. Raccoon Island es vecindario que separa el estado estadounidense de Luisiana del Golfo de México.
   c. Raccoon Island es una isla estrecha y es un gran pedazo de tierra que separa el estado estadounidense de Luisiana del Golfo de México.

2. **Lea detenidamente el texto y seleccione la respuesta correcta marcando una X.**
   a. Bonnie Slaton es una bióloga de aves marinas en el estado de la Florida.
   b. Bonnie Slaton es veterinaria de aves marinas.

    c. Bonnie Slaton es bióloga de aves marinas.

3. **Lea detenidamente el texto y seleccione la respuesta correcta marcando una X.**

    a. La isla de Raccoon es uno de los muchos lugares seguros que quedan para los pelícanos en todo Estados Unidos de América.

    b. La isla de Raccoon es uno de los pocos lugares seguros que quedan para los pelícanos en Luisiana.

    c. La isla de Raccoon es uno de los pocos lugares seguros que quedan para los pelícanos en California.

4. **Lea detenidamente el texto y seleccione la respuesta correcta marcando una X.**

    a. Según el texto, hace doce años, había 15 islas bajas con áreas de reproducción para el ave estatal de Luisiana. Pero hoy, solo unas seis islas en el sureste de Louisiana tienen nidos de pelícanos pardos; el resto ha desaparecido bajo el agua.

    b. Según el texto, hace dos años, había 16 islas bajas con áreas de reproducción para el ave estatal de Luisiana. Pero hoy, solo unas seis islas en el sureste de Louisiana tienen nidos de pelícanos pardos; el resto ha desaparecido bajo el agua.

    c. Según el texto, hace doce años, había 16 islas altas con áreas de reproducción para el ave estatal de Luisiana. Pero hoy, solo unas siete islas en el sureste de Louisiana tienen nidos de pelícanos pardos; el resto ha desaparecido bajo el agua.

5. **Lea detenidamente el texto y seleccione la respuesta correcta marcando una X.**

    a. Según Slaton, quien también es investigador de la Universidad de Luisiana en Lafayette, dijo que: "Louisiana está perdiendo terreno rápidamente", en parte porque se está hundiendo, pero también porque el nivel del mar está aumentando.

b. Según Slaton, quien también es investigador de la Universidad de Luisiana en Harvard, dijo que: "Louisiana está perdiendo terreno rápidamente", en parte porque se está hundiendo, pero también porque el nivel del mar está aumentando.

c. Según Slaton, quien también es profesora de la Universidad de Luisiana en Lafayette, dijo que: "Louisiana está perdiendo terreno rápidamente", en parte porque se está hundiendo, pero también porque el nivel del mar está aumentando.

6. Lea detenidamente el texto y seleccione la respuesta correcta marcando una X.

a. Las pesticidas como el DDT adelgazó las cáscaras de los huevos de los pelicanos marrones y evitó que los pelícanos eclosionaran, afectando notablemente la población.

b. Las pesticidas como el DDT adelgazó las cáscaras de los huevos de los pelicanos marrones y las águilas calvas, lo que evitó que los pelícanos eclosionaran, afectando notablemente la población.

c. Las pesticidas como el DDT adelgazó las cáscaras de los huevos de los pelicanos marrones, los tarros de los búfalos que conviven en la isla y las águilas calvas, lo que evitó que los pelícanos eclosionaran, afectando notablemente la población.

7. Lea detenidamente el texto y seleccione la respuesta correcta marcando una X.

a. Después de que se prohibiera el DDT en los EE. UU. en 1982, los biólogos dejaron de traer pelícanos jóvenes de la cercana Florida para repoblar islas vacías en el Golfo de México. Más de 1200 fueron liberados en el sureste de Luisiana durante 13 años.

b. Antes de que se prohibiera el DDT en los EE. UU. en 1972, los biólogos trajeron pelícanos jóvenes de la cercana Florida para repoblar islas vacías en el Golfo de México. Más de 1200 fueron liberados en el sureste de Luisiana durante 13 años.

c. Después de que se prohibiera el DDT en los EE. UU. en 1972, los biólogos trajeron pelícanos jóvenes de la cercana Florida para repoblar islas vacías en el Golfo de México. Más de 1200 fueron liberados en el sureste de Luisiana durante 13 años.

8. Lea detenidamente el texto y seleccione la respuesta correcta marcando una X.

a. Hoy en día, ya no se utilizan barreras de piedra para proteger Raccoon Island de las corrientes de agua.

b. Hoy en día, se utilizan barreras de piedra para proteger Raccoon Island de las corrientes de agua.

c. En el pasado, se utilizaban barreras de piedra para proteger Raccoon Island de las corrientes de agua.

9. Lea detenidamente el texto y seleccione la respuesta correcta marcando una X.

a. Los pelícanos marrones pueden vivir más de 100 años al igual que las tortugas. Por lo tanto, el efecto de la desaparición de las áreas de reproducción no tardará en hacerse evidente. Pero el futuro de los pelícanos es incierto en las islas barrera.

b. Los pelícanos marrones pueden vivir más de 20 años. Por lo tanto, el efecto de la desaparición de las áreas de reproducción tardará en hacerse evidente. Pero el futuro de los pelícanos es incierto en las islas barrera.

c. Los pelícanos marrones pueden vivir más de 20 años porque se alimentan de algas marinas y crustáceos. Por lo tanto, el efecto de la desaparición de las áreas de reproducción tardará en hacerse evidente. Pero el futuro de los pelícanos es incierto en las islas barrera.

10. Lea detenidamente el texto y seleccione la respuesta correcta marcando una X.

a. Los amados pájaros (pelicanos) se habían ido por completo de Louisiana, solo imágenes en la bandera del estado. Pero un esfuerzo prolongado para salvarlos condujo al regreso de las aves.

b. Los amados pájaros se habían ido por completo de Louisiana, solo imágenes en la bandera del estado y a pesar de un esfuerzo prolongado para salvarlos condujo al regreso de las aves ya después que habían sido retirados de la bandera del estado.

c. Los amados pájaros no se habían ido por completo de Louisiana, figurando imágenes en la bandera del estado. Pero un esfuerzo prolongado para salvarlos condujo al regreso de las aves.

Mariposas monarca en la nueva lista de especies en peligro de extinción.

Los científicos ahora consideran que la mariposa monarca migratoria está en peligro de extinción. La población del amado insecto naranja y negro ha disminuido rápidamente en los últimos años.

La Unión Internacional para la Conservación de la Naturaleza (UICN) agregó a la monarca migratorio a su "lista roja" de organismos amenazados. Dijeron que está "en peligro". Eso significa que está a dos pasos de extinguirse. Cuando una especie se extingue, no quedan más miembros vivos.

Stuart Pimm es ecologista de la Universidad de Duke en Carolina del Norte. Él no participó en la nueva lista. Él dijo: "Es solo un declive devastador. Esta es una de las mariposas más reconocibles del mundo".

La UICN estima que la población de mariposas monarca en América del Norte ha disminuido entre un 22 % y un 72 % en 10 años, según el método de medición.

Nick Haddad es biólogo conservacionista en la Universidad Estatal de Michigan. Él dijo: "Lo que nos preocupa es la tasa de disminución. Es muy fácil imaginar lo rápido que esta mariposa podría estar aún más en peligro". En peligro significa estar en una situación peligrosa.

Haddad estima que la población de mariposas monarca que estudia en el este de los Estados Unidos ha disminuido entre un 85 y un 95 por ciento desde la década de 1990.

En América del Norte, millones de mariposas monarca realizan la migración más larga de todas las especies de insectos conocidas por los científicos. Los animales migran cuando se mueven de un lugar a otro dependiendo de la temporada.

Las mariposas monarca pasan el invierno en las montañas del centro de México. Luego emprenden su viaje hacia el norte. Se reproducen muchas veces a lo largo del camino, durante miles de kilómetros. Las mariposas jóvenes que llegan al sur de Canadá luego comienzan el viaje de regreso a México a fines del verano.

Un grupo más pequeño de mariposas pasa el invierno en la costa de California y luego vuela en primavera y verano a través de varios estados al oeste de las Montañas Rocosas. Esta población ha visto una caída aún más pronunciada que la de los monarcas orientales, aunque hubo un pequeño aumento el invierno pasado.

Emma Pelton pertenece a la organización sin fines de lucro Xerces Society, que estudia las mariposas occidentales. Ella dijo que hay muchas razones para la pérdida de las mariposas. Una de las razones es que los insectos han perdido su hábitat, o su hogar natural, porque la gente está eliminando o dañando los árboles y las plantas en las que les gusta vivir. Otro es un mayor uso para la agricultura de herbicidas (sustancias químicas que matan plantas) y pesticidas (sustancias químicas que matan insectos). La tercera razón es el cambio climático.

"Hay cosas que la gente puede hacer para ayudar", dijo, incluida la plantación de algodoncillo. Las mariposas jóvenes en forma de orugas dependen del algodoncillo.

No se dijo que las mariposas monarca no migratorias en América Central y del Sur estuvieran en peligro de extinción. Estados Unidos no ha incluido a las mariposas monarca en la Ley de especies en peligro de extinción. Pero varios grupos ambientalistas creen que debería incluirse en la lista.

La UICN también anunció nuevas estimaciones para la población mundial de tigres, que son un 40 por ciento más altas que las estimaciones más recientes tomadas en 2015.

Las nuevas estimaciones de la población de tigres salvajes provienen de mejores métodos para contar tigres. Incluso puede haber un aumento en sus números generales, dijo Dale Miquelle. Es coordinador del programa de tigres de la Sociedad de Conservación de la Vida Silvestre sin fines de lucro.

En los últimos 10 años, las poblaciones de tigres han aumentado en Nepal, el norte de China y posiblemente en la India. Pero los tigres han desaparecido por completo de Camboya, Laos y Vietnam, dijo Miquelle. Los tigres permanecen en la lista de especies en peligro de extinción.

1. **Lea detenidamente el texto y seleccione la respuesta correcta marcando una X.**
   a. La mariposa monarca migratoria está en peligro de proliferación. La población del amado insecto naranja y negro ha aumentado rápidamente en los últimos años.
   b. El problema que se está presentando según el texto es que la mariposa monarca migratoria está en peligro de extinción. La población del amado insecto naranja y negro ha disminuido rápidamente en los últimos años.
   c. La mariposa monarca migratoria está en peligro con su exhibición constante. La población del amado insecto naranja y negro ha disminuido rápidamente en los últimos años.

2. **Lea detenidamente el texto y seleccione la respuesta correcta marcando una X.**

   a. La mariposa monarca migratoria está en **peligro** de extinción. "**peligro**" significa en crecimiento constante.

   b. La mariposa monarca migratoria está en **peligro** de extinción. "**peligro**" significa en riesgo.

   c. La mariposa monarca migratoria está en **peligro** de extinción. "**peligro**" significa en aumento.

3. **Lea detenidamente el texto y seleccione la respuesta correcta marcando una X.**

   a. La mariposa monarca migratoria está en "lista roja" de organismos amenazados de extinción. Según La Unión Internacional para la Conservación de la Flora y la Fauna (UIFF).

   b. La mariposa monarca migratoria está en "lista roja" de organismos amenazados de extinción. Según La Unión Internacional para la Conservación de la Naturaleza (UICN).

   c. La mariposa monarca migratoria está en "lista roja" de organismos amenazados de extinción. Según La Unión Internacional para la Conservación de la Naturaleza (UICN).

4. **Lea detenidamente el texto y seleccione la respuesta correcta marcando una X.**

   a. Según La UICN estima que la población de mariposas monarca en América del Norte ha disminuido entre un 22 % y un 72 % en 10 años, según el método de medición.

   b. Según La UICN estima que la población de mariposas monarca en América del Norte ha disminuido entre un 29 % y un 79 % en 10 años, según el método de medición.

c. Según La UICN estima que la población de mariposas monarca en América del Norte ha disminuido entre un 22 % y un 72 % en 10 años, según el método de medición del carbono 14 utilizado para la edad de las rocas y los fósiles.

5. **Lea detenidamente el texto y seleccione la respuesta correcta marcando una X.**

   a. En América del Norte, millones de mariposas monarca realizan la migración más larga de todas las especies de insectos conocidas por los científicos.

   b. En América del Norte y del Sur, millones de mariposas monarca realizan la migración más larga de todas las especies de insectos conocidas por los científicos.

   c. En América del Norte, millones de mariposas monarca realizan la migración más larga de todas las especies de insectos conocidas por los científicos de la NASA.

6. **Lea detenidamente el texto y seleccione la respuesta correcta marcando una X.**

   a. Una de las razones es que los insectos han perdido su hábitat, o su hogar natural, porque la gente está eliminando o dañando los árboles y las plantas en las que les gusta vivir. "Hay cosas que la gente puede hacer para ayudar", dijo, incluida la plantación de algodoncillo. Las mariposas jóvenes en forma de orugas dependen del algodoncillo.

   b. Una de las razones es que los insectos han perdido su ecosistema, o su hogar natural, porque la gente está eliminando o dañando los árboles y las plantas en las que les gusta vivir. "Hay cosas que ya la gente no puede hacer nada para ayudar", dijo, incluida la plantación de algodoncillo. Las mariposas jóvenes en forma de orugas dependen del algodoncillo.

   c. Una de las razones es que los insectos han perdido su hábitat, o su hogar natural, porque la gente está eliminando o dañando los árboles y las plantas en las que les gusta hacer sus nidos. "Hay cosas que la gente puede hacer para ayudar", dijo, incluida la plantación de caña de azúcar. Las mariposas jóvenes en forma de orugas dependen del algodoncillo.

7. Lea detenidamente el texto y seleccione la respuesta correcta marcando una X.

   a. Su **habitad** es sinónimo de cuevas en los **árboles de las montañas**.

   b. Su **habitad** es sinónimo de **árboles frondosos**.

   c. Su **habitad** es sinónimo de **ecosistema**.

8. Lea detenidamente el texto y seleccione la respuesta correcta marcando una X.

   a. No solo las mariposas monarcas están en extinción. La UICN también anunció nuevas estimaciones para la población mundial de tigres, que son un 60 por ciento más altas que las estimaciones más recientes tomadas en 2018.

   b. No solo las mariposas monarcas y los pelicanos de Louisiana están en extinción. La UICN también anunció nuevas estimaciones para la población mundial de tigres, que son un 40 por ciento más altas que las estimaciones más recientes tomadas en 2015.

   c. No solo las mariposas monarcas están en extinción. La UICN también anunció nuevas estimaciones para la población mundial de tigres, que son un 40 por ciento más altas que las estimaciones más recientes tomadas en 2015.

9. **Lea detenidamente el texto y seleccione la respuesta correcta marcando una X.**

    a. "**algodoncillo**" es un verbo.

    b. "**algodoncillo**" es el despreciativo de algodón.

    c. "**algodoncillo**" es el diminutivo de algodón.

10. **Lea detenidamente el texto y seleccione la respuesta correcta marcando una X.**

    a. "**millones**" es un pronombre personal.

    b. "**millones**" es un pronombre reflexivo.

    c. "**millones**" es un pronombre numeral.

Respuestas correctas

¿Por qué el atletismo no engancha en Estados Unidos?									
1c	2b	3b	4c	5a	6b	7c	8a	9c	10b

Disney anuncia dos nuevas películas de 'Los Vengadores' para 2025.									
1a	2c	3b	4a	5a	6c	7b	8a	9c	10b

El Picasso confiscado en Ibiza es original, según los expertos.									
1b	2c	3c	4b	5a	6c	7b	8a	9a	10c

Ovnis: El Pentágono abre oficialmente una oficina para su investigación.									
1a	2c	3b	4c	5a	6b	7a	8b	9c	10c

Ventajas y desventajas de las máquinas expendedoras en las escuelas.									
1b	2c	3a	4b	5a	6c	7b	8a	9c	10b

Ventajas y desventajas de la participación de los padres en la escuela de sus hijos.									
1c	2a	3b	4c	5a	6b	7c	8b	9a	10a

Los desafíos y beneficios de los libros de texto electrónicos (E-Books).									
1a	2a	3b	4c	5c	6b	7a	8b	9c	10a

Plagio. Cómo detener o prevenir el plagio en línea de la escuela y la universidad de los estudiantes.									
1b	2a	3c	4c	5b	6a	7b	8c	9a	10b

El servicio comunitario como requisito para egresar de la Escuela Secundaria. Beneficios y desafíos.									
1a	2b	3c	4b	5a	6c	7b	8b	9a	10c

Ventaja y desventaja de exigir un idioma extranjero para graduarse.									
1a	2c	3b	4a	5b	6c	7b	8a	9c	10c

Mentores: excelente para nuevos maestros, pero difícil de pagar. Dos soluciones para hacer accesible la tutoría.									
1c	2b	3b	4a	5c	6a	7a	8b	9a	10a

Las infecciones resistentes a los medicamentos y las muertes aumentaron en 2020.									
1b	2a	3c	4a	5b	6c	7c	8a	9a	10b

Estudio: la respuesta inmune causada por COVID puede dañar el cerebro.									
1a	2c	3b	4b	5a	6c	7c	8b	9a	10a

Indígenas pedirán al Papa que devuelva obras de arte durante visita a Canadá.									
1c	2a	3b	4c	5a	6b	7c	8c	9a	10b

Cineasta estadounidense cuenta la historia del rescate en una cueva tailandesa.									
1b	2a	3c	4b	5a	6a	7c	8b	9c	10a

Chicos tailandeses hablan sobre su experiencia en una cueva inundada.									
1c	2a	3b	4c	5a	6b	7b	8c	9a	10b

Los estadounidenses celebran el Día de la Independencia.									
1a	2c	3b	4a	5c	6c	7b	8a	9a	10a

Los nativos americanos y el primer día de acción de gracias.									
1c	2a	3a	4b	5b	6c	7c	8a	9a	10b

Los científicos trabajan para ayudar a los pelícanos marrones en las islas que se encogen.									
1a	2c	3b	4a	5a	6a	7c	8b	9b	10a

Mariposas monarca en la nueva lista de especies en peligro de extinción.									
1b	2b	3b	4a	5a	6a	7c	8c	9c	10c

Datos biográficos del autor

El profesor Julio Cesar González Valdés, nació en Ciudad de la Habana, en el año 1957. Termino la carrera de profesor y licenciado en educación general media de la especialidad de Geografía por el Instituto Superior Pedagógico Enrique José Varona de la Universidad de la Habana.

Durante los años 1979-1982 fue jefe de la catedra de Geografía en una escuela de estudios especiales de la Ciudad de la Habana. En 1982 fue promovido al cargo de metodólogo inspector de Geografía de las escuelas Camilo Cienfuegos de la región occidental de Cuba.

Durante los años de septiembre de 1994 a diciembre de 2003 vivió en Brasil desempeñándose como profesor de Español Lengua Extranjera en varias instituciones entre estas el Instituto Legislativo Brasileiro del Congreso Nacional de Brasil en Brasilia. Fue director del Instituto de Lenguas Avanzar en Brasilia (1998-2001).

Emigró a los Estados Unidos de América en febrero de 2004 hasta hoy donde actúa como profesor sustituto de las escuelas públicas e intervencionista de Ingles 1, del condado de Miami Dade. Terminó con resultados sobresalientes el master degree en educación tecnología por la Universidad Strayer de Washington DC en 2015.

Bibliografía

Do Hai, Ritter Mario. VOA Learning English. *Thai Boys Talk About Experience in Flooded Cave.* https://learningenglish.voanews.com/a/thai-boys-talk-about-experience-in-flooded-cave/4487901.html (Julio 18, 2022) Traducido al español por google translate.

Do Hai, Thompson Ashley. VOA Learning English. *Los estadounidenses celebran el Día de la Independencia.* https://learningenglish.voanews.com/a/americans-celebrate-independence-day/6635366.html. (Julio 3, 2022) Traducido al español por google translate.

El Mundo. Cine. *Disney anuncia dos nuevas películas de 'Los Vengadores' para 2025* (Julio 24, 2022) https://www.elmundo.es/cultura/cine/2022/07/24/62dcf23721efa04a398b4572.html

EL MUNDO. Cultura. Arte. *El picasso confiscado en Ibiza es original, según los expertos.* (Julio 21, 2022). https://www.elmundo.es/cultura/arte/2022/07/21/62d8f8f6e4d4d854198b4570.html

El Mundo. Mundial de Atletismo. *¿Por qué el atletismo no engancha en Estados Unidos?* (Julio 26, 2022) https://www.elmundo.es/deportes/mas-deporte/2022/07/26/62dde8f0fc6c83c0418b4572.html

Evans Jonathan, Stobbe Mike. VOA Learning English. *Las infecciones resistentes a los medicamentos y las muertes aumentaron en 2020.* https://learningenglish.voanews.com/a/drug-resistant-infections-deaths-rose-in-2020-/6658317.html (25 de julio de 2022) Traducido al español por google translate.

Faith Pirlo. Jill Robbins. Christina Larson. VOA Learning English. *Mariposas monarca en la nueva lista de especies en peligro de extinción.* *https://learningenglish.voanews.com/a/monarch-butterflies-on-new-endangered-list/6669959.html* (24 de julio de 2022) Traducido al español por google translate.

Friedell Dan. Gundy Dorothy. VOA Learning English. *Indígenas pedirán al Papa que devuelva obras de arte durante visita a Canadá.* (22 de julio 2022) https://learningenglish.voanews.com/a/indigenous-people-to-ask-pope-to-return-art-during-canada-visit-/6670048.html Traducido al español por google translate.

Rantala Hanna, Evans Jonathan. VOA Learning English. *Cineasta estadounidense cuenta la historia del rescate en una cueva tailandesa* https://learningenglish.voanews.com/a/us-filmmaker-tells-story-of-thai-cave-rescue-/6665521.html (22 de julio de 2022) Traducido al español por google translate.

Robbins Jill, Larson Cristina. VOA Learning English. *Los científicos trabajan para ayudar a los pelícanos marrones en las islas que se encogen.* *https://learningenglish.voanews.com/a/scientists-work-to-help-brown-pelicans-on-shrinking-islands/6676964.html* (28 de julio de 2022) Traducido al español por google translate.

Robbins Jill. Ritter Mario. Mekouar Dora. Thompson Ashley. VOA Learning English. *Los nativos americanos y el primer día de acción de gracias.* https://learningenglish.voanews.com/a/native-americans-and-the-first-thanksgiving-6317023.htm. (24 noviembre de 2021) Traducido al español por google translate.

Thompson Ashley. Do Hai. VOA Learning English. *Estudio: la respuesta inmune causada por COVID puede dañar el cerebro .* https://learningenglish.voanews.com/a/study-immune-response-caused-by-covid-may-damage-brain/6647734.html (11 de julio 2022) Traducido al español por google translate.

Vallés Arándiga, Antonio. (2005). Comprensión lectora y procesos psicológicos. Liberabit, 11(11), 41-48. Recuperado em 01 de agosto de 2022, de http://pepsic.bvsalud.org/scielo.php?script=sci_arttext&pid=S1729-48272005000100007&lng=pt&tlng=es

Zermoglio Sofía. lun, OVNIs: *El Pentágono abre oficialmente una oficina para su investigación.* https://espanol.yahoo.com/noticias/ovnis-pent%C3%A1gono-abre-oficialmente-oficina-173525861.html (25 de julio de 2022, 2:35 p. m.) Traducido al español por google translate.